Historia de México

1000 datos interesantes desde la antigüedad hasta nuestros días

Índice de contenidos

Introducción

México es una nación con una historia, una cultura y un pueblo cautivadores. Es una nación que ha sido testigo de una plétora de revoluciones. **Este libro ofrece una extensa exploración de la vasta y tumultuosa cronología del pasado de México,** desde los días de las grandes **civilizaciones precolombinas** hasta las secuelas de la elección de **Andrés Manuel López Obrado**r en 2018.

Empezando por los primeros habitantes conocidos en el año 14.000 a. C., los lectores realizarán un viaje a través de la **era precolombina** y sus **sociedades indígenas, la conquista** y colonización **española** de México, **la formación de los primeros imperios de México** y el impacto de guerras como **la guerra México-Estados Unidos, la guerra de Reforma y la guerra cristera. Además,** este libro investigará los movimientos de industrialización y revitalización cultural y el significado de la elección de **Andrés Manuel López Obrador** en 2018. Su influencia en los **mexicanos de hoy en día** es enorme, y le sorprenderá conocer las muchas formas en las que ha llevado —y sigue llevando— a su país a la escena mundial. **¿Quién no ha oído hablar de las playas de arena blanca de México y de los complejos turísticos que salpican su costa?** ¿O de los mariachis y los sabrosos platos? En el lado más oscuro, **México lucha** contra la violencia de las guerras del narcotráfico dirigidas por poderosos cárteles y ha sufrido una gran migración de personas.

A lo largo de **este libro,** los lectores comprenderán **las muchas fuerzas que han dado forma a la rica cultura mexicana** y **cómo el pueblo de México** ha resistido la opresión y las dificultades. Conocerá **la compleja relación entre México y Estados Unidos,** incluyendo **el programa Bracero, el TLCAN** y **la migración de mexicanos a Estados Unidos.**

Al final de este libro, **los lectores tendrán una idea de cómo se desarrolló la nación y una comprensión de la creatividad y el ingenio del pueblo mexicano** que le han permitido construir una nación fuerte y diversa. Con este conocimiento, los lectores estarán bien equipados para explorar mejor la fascinante historia **de esta extraordinaria nación.**

México precolombino
(14.000 a. C.-1519 d. C.)

Durante siglos, los antiguos pueblos de México nos han cautivado con su cultura, creencias y prácticas únicas. Desde la caza y la recolección hasta el intercambio de bienes y los juegos de mesa como el *patolli*, **los antiguos mexicanos** han dejado un legado perdurable. En este capítulo, exploraremos la apasionante historia de **los antiguos mexicanos** y sus notables logros en arte, ciencia, ingeniería y mucho más.

1. Los antiguos pobladores de México utilizaban piedras para fabricar herramientas y armas que les ayudaron a cazar y recolectar alimentos.

2. **Durante siglos, los mexicanos utilizaron un sistema de comercio** que no implicaba dinero. En su lugar, intercambiaban bienes como alimentos, herramientas, ropa, ¡e incluso granos de cacao!

3. **Los antiguos pobladores de México construían casas con ladrillos de barro.**

4. Los antiguos mexicanos **jugaban al *patolli*.** Era un juego de mesa que implicaba apuestas. La gente apostaba bienes comerciales, pero a veces, ¡apostaban sus propiedades e incluso a su familia!

5. **Los antiguos mexicanos creían en muchos dioses y diosas diferentes** y celebraban ceremonias para honrarlos.

6. **Los antiguos mexicanos hacían lecturas muy precisas del sol, la luna y las estrellas.**

7. **Los antiguos mexicanos eran maestros de la ingeniería.** Construyeron redes de canales para ayudar a la irrigación.

8. Los antiguos **mexicanos eran conocidos por su habilidad para tejer intrincados patrones en sus ropas** y mantas.

9. **Los antiguos mexicanos escribieron muchas de sus historias y creencias en tablillas** y edificios de piedra.

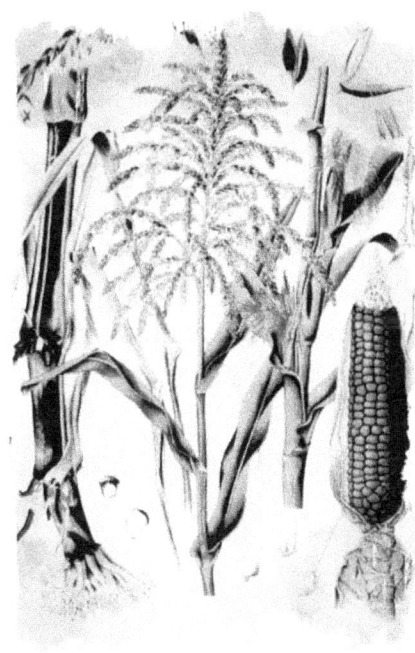

10. **Los antiguos mexicanos eran expertos en cultivar y cosechar maíz**, que era una parte importante de su dieta.

11. **Los antiguos mexicanos usaban granos de cacao para hacer una bebida amarga llamada** *xocolatl.*

12. **Los antiguos mexicanos comerciaban con joyas de oro, plata y turquesa**, que eran símbolos de estatus y riqueza.

13. **Los antiguos mexicanos crearon coloridas obras de arte con arcilla y piedra.** Muchas de estas obras cuentan historias de sus dioses, diosas y héroes.

14. **Los antiguos mexicanos tenían aves, pavos y perros** como mascotas y alimento.

15. **Los antiguos mexicanos creaban coloridas máscaras y trajes para usar en sus ceremonias y festivales,** una de las razones por las que las plumas de colores eran tan valoradas.

16. **Los antiguos mexicanos celebraban el solsticio** con ceremonias y fiestas especiales.

17. **Los antiguos mexicanos construyeron pirámides y templos** para honrar a sus dioses y diosas. Estas pirámides son, en general, muy diferentes a las que se encuentran en Egipto.

18. **Los antiguos mexicanos tenían un complejo sistema de escritura** que utilizaba imágenes para representar diferentes palabras e ideas.

19. **Los antiguos mexicanos creían que sus antepasados podían comunicarse con ellos** desde el más allá.

20. **Los antiguos mexicanos tocaban instrumentos musicales como tambores, flautas** y sonajas para hacer música.

21. **Los antiguos mexicanos** celebraban competiciones para decidir **quién era el mejor en habilidades como correr y jugar a la pelota,** con un juego similar al baloncesto.

22. **Los antiguos mexicanos hacían decoraciones coloridas con plumas, conchas y cuentas.**

23. **Los antiguos mexicanos**, como muchos otros pueblos del mundo, **tenían chamanes** o lo que la gente solía llamar curanderos. Estas personas estudiaban el mundo natural en busca de plantas y otros objetos que pudieran ayudar para la curación. También servían de conducto entre los enfermos y heridos y los dioses.

24. **Los antiguos mexicanos utilizaban un calendario que se basaba en las estaciones,** el sol y las estrellas.

25. **Los antiguos mexicanos creían que sus dioses y diosas** podían encontrarse en cada parte de la naturaleza.

26. **Los antiguos mexicanos practicaban sacrificios religiosos**, ofreciendo a los dioses objetos de valor como oro, alimentos o incluso personas.

27. **Los antiguos mexicanos creían en el poder de los sueños** y los utilizaban para intentar comprender el futuro.

28. **El dios principal de los aztecas era Huitzilopochtli.** Se le consideraba el dios del sol, de la guerra y de los sacrificios humanos. Se ofrecían sacrificios humanos a **Huitzilopochtli** para asegurar su favor y protección.

29. **Los antiguos mexicanos construyeron ciudades y centros de comercio** que crecieron hasta convertirse en algunos de los más grandes del mundo.

30. **Los antiguos mexicanos construyeron caminos largos y rectos** para viajar de un lugar a otro.

Conquista y colonización de México por los españoles
(1519-1821)

En 1492, Cristóbal Colón se convirtió en el primer europeo en desembarcar en el hemisferio occidental desde los vikingos. Realizó el viaje por encargo de los monarcas españoles Fernando II e Isabel I. Los hombres que viajaron en los años siguientes fueron llamados conquistadores («los que conquistan»). Un grupo de conquistadores llegó a México en 1519 con un objetivo en mente: establecer un imperio español en la nueva e indómita tierra. Los españoles trajeron consigo caballos, pólvora, una nueva religión, tecnologías y armas. México fue transformado por los españoles, que construyeron nuevas ciudades, carreteras y puentes y establecieron un nuevo sistema de gobierno. Es un testimonio de la ambición, el poder y la tenacidad de los conquistadores españoles que su legado permanezca en México hasta nuestros días.

31. Nacido en Medellín, España, en 1485, **Hernán Cortés se convirtió en el líder de la conquista española del Imperio azteca.**

32. **Cortés desempeñó un papel importante en la introducción del cristianismo en América.** Llevó consigo sacerdotes católicos y estableció iglesias y monasterios por todos los territorios recién conquistados.

33. **Los españoles buscaban aumentar sus oportunidades comerciales.** Sin embargo, a menudo se apoderaban de territorios y personas en lugar de comerciar con los lugareños de forma justa.

34. **España buscaba expandir su imperio y acceder a nuevos recursos, como el oro y la plata**, cuando decidió colonizar México en 1519. Añadir nuevos territorios también daría a España más poder y prestigio.

35. **Los caballos, un componente clave del éxito de los españoles, fueron introducidos en México por el ejército de Cortés.**

36. **Los españoles utilizaron armas que los aztecas nunca habían visto antes,** como las primeras pistolas, mosquetes y cañones.

37. **Los aztecas no fueron rivales para la pequeña fuerza española de quinientas personas** con sus nuevas armas.

38. **Los españoles también practicaron la política de «divide y vencerás»,** prometiendo a los pueblos que habían estado sometidos al dominio azteca poder y riqueza si ayudaban a los conquistadores. Las enfermedades también hicieron estragos entre los aztecas y otros pueblos nativos.

39. **En las décadas siguientes, los españoles comenzaron a colonizar tierras al norte y al sur de México,** incluyendo Florida y América Central.

40. **Los españoles introdujeron el catolicismo romano en México.** Muchos nativos de México fueron obligados a convertirse al cristianismo o a enfrentar la muerte.

41. **Los españoles empezaron a obligar a los aztecas y a muchas otras tribus de México a aprender su lengua.**

42. **Los españoles sustituyeron el sistema jurídico azteca por el suyo,** aunque ambos incluían la pena de muerte y otros castigos severos.

43. **Los españoles establecieron un nuevo sistema tributario en México** fundado en el sistema de encomienda, que obligaba a los campesinos a entregar una parte de sus cosechas a los españoles.

44. **Los españoles introdujeron en México una nueva moneda, el peso.** También era conocido como «Real de a ocho», que es un término popular en las historias de piratas y buscadores de tesoros.

45. **Los españoles establecieron las primeras universidades en México.**

46. **Los españoles establecieron un nuevo sistema de educación en México** que consistía principalmente en enseñanza religiosa e información sobre la gloria de España y sus reyes y reinas.

47. **Los españoles trajeron a México nuevas formas de medicina,** como el árbol de la quina. Más tarde se descubrió que contenía quinina para tratar la malaria. Los españoles habían conquistado partes de Sudamérica y muchos de sus habitantes utilizaban la planta por diversas razones médicas.

48. **Los españoles introdujeron en México vacas, cerdos y papas, ingredientes esenciales para el éxito de una sociedad agrícola.**

49. Incluso antes de la llegada de los españoles, **los aztecas ya habían desarrollado sofisticados sistemas de riego.**

50. **A muchos de los conquistadores sólo les preocupaba obtener riquezas,** y muchos buscaron por gran parte de México El Dorado, una legendaria ciudad hecha de oro. Otras expediciones españolas en Sudamérica y Florida tenían el mismo objetivo.

51. **Los estilos barroco y neoclásico de arquitectura,** así como nuevas formas de arte, incluyendo pintura, escultura y música, **fueron traídos a México por los españoles.**

52. **Los españoles introdujeron en México nuevas formas de literatura, como la novela y el poema épico.**

53. **Tecnologías como la imprenta y la brújula fueron traídas a México por los españoles.**

54. **Muchas carreteras y puentes nuevos fueron construidos por España** para conectar las ciudades de México.

55. **Los españoles construyeron muchas ciudades nuevas en México, incluida la capital, Ciudad de México. La gran ciudad azteca de Tenochtitlan** se alzaba allí desde 1325 aproximadamente.

56. **La población de Tenochtitlan antes de la llegada de los españoles era de unos 250.000 habitantes.** Tras la conquista española, el número de nativos de la zona disminuyó debido a las enfermedades traídas por los españoles.

57. **Los españoles trajeron enfermedades como la viruela al Nuevo Mundo.** Los nativos no tenían inmunidad contra esas enfermedades. Como consecuencia, murieron millones de personas.

58. **Los conquistadores establecieron los primeros asentamientos europeos en México, incluyendo Veracruz y Ciudad de México. Ciudad de México, originalmente conocida como Tenochtitlan,** fue construida sobre las ruinas de la capital azteca.

59. **Los conquistadores trajeron a México un gran número de esclavos africanos,** así como nativos de Cuba, otro territorio que los españoles habían colonizado.

60. **Los españoles descubrieron nuevos cultivos en el Nuevo Mundo, como el tabaco, el cacao, el plátano y la piña, entre otros.**

Guerra chichimeca
(1550-1590)

La guerra chichimeca es un capítulo fundamental, aunque a menudo olvidado, de la historia de México. Durante casi un siglo, este devastador conflicto llevó el **colonialismo español** a la puerta de **los chichimecas.** A pesar de sus valientes esfuerzos, **los chichimecas fueron finalmente derrotados en 1590.** La guerra también marcó el inicio de **la colonización española de todo México,** que los españoles llamaron **Nueva España.**

61. **La guerra chichimeca** (1550-1590) fue una serie de conflictos entre **el Imperio español y el pueblo indígena chichimeca** del centro norte de México.

62. **La guerra chichimeca fue una de las guerras más largas y sangrientas de la historia de Nueva España.**

63. **La guerra chichimeca fue un gran conflicto entre los españoles y los indígenas de México.** La guerra duró décadas y costó la vida a decenas de miles de personas.

64. **Los chichimecas no eran una tribu, sino una confederación de pames, zacatecos, guamares, guachichiles, caxcanes, otomíes y tecuexes.** Todos ellos eran cazadores-recolectores seminómadas que vivían en la región centro-norte del actual México.

65. **La guerra chichimeca comenzó cuando los españoles empezaron a hacer incursiones en el territorio chichimeca en busca de plata y oro.**

66. **Los españoles también cometieron agresiones sexuales generalizadas contra las mujeres chichimecas,** lo que incitó a las tribus a luchar.

67. **Los chichimecas lucharon ferozmente contra los españoles utilizando tácticas de guerrilla.**

68. **Los españoles utilizaron una combinación de fuerza militar y actividad misionera** para someter al pueblo chichimeca.

69. **El pueblo chichimeca era conocido como feroz guerrero y se sabía que utilizaba una variedad de armas,** especialmente arcos y flechas.

70. **Las flechas chichimecas estaban hechas de juncos con una punta de obsidiana más afilada que una hoja de afeitar.** ¡Esta punta de flecha podía atravesar la armadura española!

71. **Los chichimecas también eran famosos por el uso de tácticas de guerrilla,** como emboscadas e incursiones, que a menudo amenazaban los suministros de alimentos españoles.

72. **Los españoles respondieron a las tácticas de guerrilla de los chichimecas formando grandes grupos de caballería e infantería montada.**

73. Durante la guerra, **los españoles construyeron varios fuertes y asentamientos** para protegerse de las numerosas incursiones chichimecas.

74. **Los chichimecas fueron capaces de resistir con éxito a los españoles durante décadas.**

75. En la década de 1570, la guerra no iba tan bien para España como se esperaba. **El gobernador general español tuvo que volver a escribir al rey Felipe II pidiendo muchas más tropas y equipo.**

76. **Los chichimecas fueron finalmente derrotados en 1590.**

77. Como resultado de la guerra, **los españoles pudieron establecer un punto de apoyo permanente en el centro de México.**

78. **La guerra chichimeca llevó al exterminio del pueblo chichimeca y a la destrucción de su cultura.**

79. **Hoy en día se sabe muy poco sobre el pueblo chichimeca.** Lo que sabemos proviene principalmente de los españoles, lo cual puede ser parcial.

80. **Se cree que la guerra chichimeca causó la muerte de hasta ochenta mil personas, en su mayoría chichimecas.** Sin embargo, nadie sabe con certeza cuántos murieron, aunque la mayoría cree que el total superó ampliamente los diez mil.

81. **La guerra chichimeca provocó que muchos chichimecas se vieran obligados a desplazarse a otras regiones de México.**
82. **La guerra también llevó a la esclavitud de miles de chichimecas por parte de los españoles.**
83. **Los aztecas consideraban a los chichimecas como «incivilizados», y el nombre «chichimeca» es en realidad una palabra azteca que significa «bárbaro» o «incivilizado».**
84. **La guerra chichimeca** tuvo un impacto duradero en la historia de México. Fue la última gran guerra indígena contra los

españoles y condujo a la imposición de un nuevo orden social, político y económico europeo en el país.

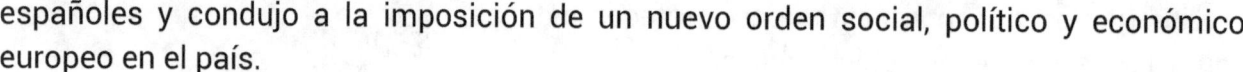

85. **Las noticias viajaban con relativa rapidez de México a España,** teniendo en cuenta el tiempo y la distancia. Pronto, gran parte de la clase dirigente española y varias **figuras religiosas importantes se pronunciaron en contra de la guerra** y sugirieron pagar a los chichimecas.

86. **Los españoles «compraron la paz» con una enorme suma de dinero.** A cambio, los chichimecas prometieron que no interferirían con el comercio español en su territorio.
87. **Los españoles también empezaron a construir escuelas e iglesias.** En dos generaciones, muchos de los chichimecas que quedaban habían asimilado a la cultura española dominante.
88. **La guerra chichimeca también condujo a la introducción de nuevas plantas y animales en nuevas regiones de México,** incluyendo caballos, ganado, trigo, cebada, peras, manzanas e higos.
89. **La guerra chichimeca también provocó la propagación de enfermedades,** como la viruela y el sarampión, que diezmaron a la población chichimeca.
90. **La guerra chichimeca es una parte importante de la historia de México,** ya que nos recuerda las luchas de los indígenas contra el colonialismo europeo.

Guerra de Independencia de México
(1810-1821)

La guerra de Independencia de México fue una lucha épica entre el pueblo de México y el gobierno colonial español. El 16 de septiembre de 1810 se inició este conflicto con el grito de un **sacerdote católico llamado Miguel Hidalgo y Costilla.** A lo largo de once años, la guerra se libró con una combinación de tácticas convencionales y de guerrilla. Se introdujeron varias armas nuevas, nuevas formas de gobierno y nuevos líderes. **La guerra de Independencia de México** sentó las bases de una nueva nación, **los Estados Unidos Mexicanos**, y marcó el comienzo de una **nueva era para América Latina.**

91. **La guerra de Independencia de México,** un conflicto épico entre **el pueblo de México y el gobierno colonial español,** comenzó el 16 de septiembre de 1810.

92. **Los españoles quisieron colonizar México en 1519 porque creían que podrían encontrar oro y plata.** Encontraron esos objetos preciosos en abundancia, así como muchos otros recursos que hicieron de España una nación rica.

93. **La lucha por la independencia fue encabezada por varios revolucionarios mexicanos, como los sacerdotes católicos Miguel Hidalgo y Costilla** y **José María Morelos, Vicente Guerrero** y **Guadalupe Victoria** (alias Manuel Félix Fernández).

94. **Varias otras naciones latinoamericanas se habían independizado de España antes de la guerra de Independencia mexicana,** entre ellas Venezuela, Paraguay, Argentina, Colombia, Perú y Chile.

95. **La guerra se inició por el grito de Miguel Hidalgo y Costilla,** un sacerdote católico que pronunció un apasionado discurso en Dolores. Este discurso es conocido como **el Grito de Dolores.**

96. **Tras la captura y ejecución de Costilla en 1811, el también sacerdote José María Morelos se convirtió en uno de los principales líderes de la revolución contra los españoles.**

97. Una de las líderes de la revolución fue **Josefa Ortiz de Domínguez,** también conocida como **la Corregidora.**

98. **Ignacio Allende**, hijo de un rico comerciante, y **Mariano Matamoros**, sacerdote, fueron otros dos que saltaron a la fama durante la guerra.

99. **Cerca del final de la guerra, antiguas zonas del México español se independizaron.** Estas fueron Guatemala, El Salvador, Honduras, Costa Rica y Nicaragua. Todas se independizaron el 15 de septiembre de 1821.

100. **Una de las batallas decisivas de la guerra y victoria mexicana fue la batalla del Puente de Calderón** en 1811.

101. **La guerra se libró en muchas partes de México,** incluyendo Guanajuato, Michoacán, Oaxaca, Jalisco y Yucatán.

102. **La guerra de Independencia de México** terminó el 24 de agosto de 1821, con la firma del **Tratado de Córdoba**, que convirtió a México en un país independiente.

103. **Antes y después de la guerra, México era una sociedad altamente estratificada.** En la cúspide de la pirámide de poder se encontraban los españoles nacidos en España. Le seguían los descendientes de **españoles nacidos en México**. Las personas de **ascendencia española «mixta» y española nacida en México constituían el tercer escalón.** En la base estaban los indígenas del país.

104. **La mayoría de los revolucionarios eran descendientes de españoles nacidos en México.** Estaban cansados de ser ciudadanos de segunda clase. **Los indígenas de México seguían sin tener derechos** ni voz en el país.

105. **A los españoles nacidos en México se les llamaba criollos**, es decir, descendientes de españoles, pero nacidos en el Nuevo Mundo. Sin embargo, la palabra tiene diferentes significados en todo el hemisferio occidental.

106. **La Constitución de Apatzingán fue redactada en 1814** y se convirtió en la ley de las zonas controladas por los revolucionarios hasta que **fue sustituida por la Constitución Nacional de 1824.**

107. **La Constitución de 1824 declaró que el catolicismo romano era la religión del Estado.** También establecía garantías sobre los derechos individuales ante la ley. Desgraciadamente, había una gran diferencia entre lo que estaba escrito en la constitución y la realidad.

108. **Una nueva forma de gobierno dio lugar a nuevos símbolos nacionales, como la bandera y el escudo mexicanos.**

109. **La guerra de Independencia de México dio lugar a la creación de una nueva nación llamada Estados Unidos Mexicanos.**

110. **La esclavitud fue abolida en México al finalizar la guerra.**

111. Al final de la guerra surgieron partidos políticos: **el Partido Conservador y el Partido Liberal.**

112. Durante la guerra también se estableció una **nueva capital, la Ciudad de México.**

113. Aunque creció muy lentamente, el **protestantismo ganó nuevos adeptos en México** a principios del siglo XIX. Esto se debió en parte a la exposición a los estadounidenses.

114. **Este periodo dio origen a la literatura mexicana. Una de las más famosas fue la novela** *El Periquillo Sarniento* **de José Joaquín Fernández de Lizardi.** El libro, que en inglés se llama *The Mangy Parrot*, es una alegoría de la transición de México de colonia a país.

115. **Estados Unidos reconoció la independencia de México en 1822.**

116. **Agustín de Iturbide, que declaró a México nación independiente en 1821, fue una de las figuras políticas más destacadas de la guerra.** Fue llamado brevemente emperador de México antes de que se redactara la nueva constitución.

117. **La Constitución mexicana de 1824** declaró que el país tendría tres ramas de gobierno, y que la rama ejecutiva consistiría en tres personas elegidas por representantes.

118. **La guerra también resultó en el establecimiento de un nuevo sistema legal basado en el Código Napoleónico,** que era el código de leyes dominante en Europa en ese momento.

119. A principios del siglo XIX surgieron nuevos líderes en América Latina, **como Simón Bolívar en Venezuela, José de San Martín en Argentina y Bernardo O'Higgins en Chile.**

120. **La guerra también estableció una nueva moneda nacional, el peso,** que todavía se utiliza en México.

Primer Imperio mexicano
(1822-1823)

Desde su creación en 1822, el Primer Imperio mexicano marcó un cambio radical en la trayectoria de México y su pueblo. Establecido como monarquía por el **ex general realista Agustín de Iturbide, el Primer Imperio mexicano** fue un periodo breve pero influyente en la historia de México. La ceremonia de coronación del **emperador Agustín I** marcó el inicio de un reinado tumultuoso caracterizado por la inestabilidad política y económica. Sin embargo, a pesar de su fragilidad, **el Primer Imperio mexicano introdujo reformas** que tuvieron un impacto duradero en México y allanaron el camino para las generaciones futuras.

121. **Agustín de Iturbide, antiguo general, fue proclamado emperador de México** por destacados militares el 19 de mayo de 1822.

122. **Agustín tuvo mucho apoyo popular,** aunque enfrentó la oposición de los representantes en el Congreso, que querían una república.

123. **El Primer Imperio mexicano duró poco tiempo y fue sustituido por una república en 1823.**

124. **La fastuosa ceremonia de coronación del emperador Agustín I tuvo lugar en la Catedral Metropolitana de la Ciudad México.**

125. **La lucha contra España unió a muchos mexicanos,** pero al terminar la guerra se hicieron evidentes sus diferencias.

126. **El emperador Agustín y el Congreso comenzaron a chocar de inmediato porque nadie sabía qué poder(es) correspondía(n) a cada rama del gobierno.**

127. **El Primer Imperio mexicano era una monarquía, aunque** el emperador tenía un poder limitado. La autoridad de la nación la tenía principalmente **el Congreso,** llamado oficialmente **Congreso de la Unión.**

128. **El Congreso y el emperador Agustín discutían mucho.** En un momento dado, ¡los miembros del Congreso hablaron de secuestrar al emperador y a su familia! **Agustín respondió a esta amenaza destituyendo al Congreso y tomando más poder para sí.**

129. **En el Primer Imperio mexicano, la Iglesia católica fue nombrada religión del Estado.**

130. **En un principio, el Primer Imperio mexicano** contó con el apoyo de la Iglesia Católica. Sin embargo, ese respaldo disminuyó cuando el emperador se volvió más autoritario.

131. **El emperador Agustín I de México implementó una política de centralización** y confirió el poder de gobierno al emperador y a sus ministros.

132. **Tras la guerra de Independencia mexicana, partes del antiguo territorio español de Nueva España pasaron a formar parte de México.** El emperador preguntó a estos territorios, que constituyen muchos de los actuales países centroamericanos, si querían formar parte de México. Se negaron y los dejó marchar.

133. **El Primer Imperio mexicano aprobó leyes que restringían la esclavitud.** La Primera República mexicana la abolió en 1829, aunque la práctica continuó en algunas partes del país hasta 1837, cuando fue proscrita en todas las regiones de México.

134. La producción mexicana, especialmente de su producto más valioso, la plata, disminuyó durante **el Primer Imperio mexicano**, lo que provocó una penuria económica generalizada.

135. **México se había endeudado considerablemente en los primeros años de la independencia** y necesitaba pedir más préstamos para hacer frente a los pagos, lo que inició un círculo vicioso de endeudamiento, debilitando aún más al país.

136. **El Primer Imperio mexicano era financieramente frágil**, con una moneda débil e hiperinflación.

137. **Agustín I no era un buen político**, y combinado con el mal estado del país, se enfrentó a una creciente impopularidad.

138. **Aunque tuvieron resultados dispares, el periodo del imperio introdujo políticas económicas centradas en la promoción del comercio interior y el desarrollo industrial.** Esto incluyó el fomento de la producción nacional, el establecimiento de acuerdos comerciales con países extranjeros y la creación de un banco nacional para facilitar el crecimiento económico.

139. **El Primer Imperio mexicano emitió su propia moneda llamada peso.** Algunos pesos eran monedas, mientras que otros eran de papel.

140. **El gobierno comenzó a imprimir más y más papel moneda para pagar sus deudas,** lo que provocó una alta inflación.

141. **Durante el imperio, las opiniones sobre la educación estaban divididas**. Muchos deseaban que la Iglesia católica mantuviera su papel como principal proveedora de educación, pero un número creciente deseaba que se iniciara un sistema de escuelas públicas laicas, lo que ocurrió después del fin del imperio.

142. **El Primer Imperio mexicano contaba con un fuerte ejército**, que incluía caballería, unidades de infantería y una armada.

143. **El rey de España tenía mucha influencia y pocas naciones reconocían la independencia de México. El comercio de México sufrió como resultado.**

144. **El emperador Agustín I de México fue exiliado en 1823 y sustituido por una república federal.**

145. **El Primer Imperio mexicano** es conocido como un periodo de inestabilidad política y económica. El peso perdía su valor y el gobierno era incapaz de pagar sus deudas.

146. **México tuvo y aún tiene una gran población indígena,** con muchos de los indígenas en zonas rurales que trabajan como jornaleros agrícolas.

147. **Ana María Huarte se convirtió en emperatriz** consorte y recibió el título de **emperatriz Ana María.** Era conocida por su belleza y elegancia y gozaba de gran prestigio en la alta sociedad mexicana.

148. **Tras la muerte de su esposo, Ana María regresó a México en 1838** y se dedicó a preservar la memoria de su marido.

149. **Leona Vicario** (1789-1842) fue una influyente periodista, activista y poeta. Apoyó **el movimiento independentista mexicano** y utilizó sus escritos para promover ideas nacionalistas. Vicario es conocida por sus importantes contribuciones a la prensa mexicana de principios del siglo XIX.

150. José María Heredia (1803-1839) fue un reconocido **poeta y escritor.** Se le considera una de las figuras más importantes del romanticismo latinoamericano. Sus obras exploraban a menudo temas de libertad, amor y patriotismo.

Primera República de México
(1824-1835)

La **Primera República de México** tuvo una breve pero transformadora historia de once años que dejó una huella indeleble en la nación. **Desde el reconocimiento de Estados Unidos como nación soberana hasta la abolición de la esclavitud**, la introducción del sistema métrico decimal, la emisión de papel moneda y monedas, y el establecimiento de una legislatura bicameral, esta república revolucionaria trató de aportar niveles de **libertad y justicia sin precedentes a sus ciudadanos.**

151. **Con su «nacimiento» en 1824, la Primera República de México abrió nuevos caminos para México.** México se convirtió en un estado unitario (un país unido con un poderoso gobierno federal) que buscaba unir al pueblo bajo **el lema de «Unión, Libertad y Justicia».**

152. **Durante sus once años de historia, la Primera República fue dirigida por tres** presidentes **diferentes** que buscaron darle mayores niveles de libertad al pueblo. Esto ocurrió a veces más de palabra que de hecho.

153. **En 1835, la región de Texas declaró su independencia de México,** desencadenando una lucha por el poder que duró hasta 1836.

154. **El 8 de abril de 1824, esta nueva república promulgó una nueva constitución que pretendía construir un gobierno centralizado y fuerte,** que fue una de las razones por las que los texanos declararon más tarde su independencia.

155. **El 12 de diciembre de 1822, México se convirtió en la segunda nación de América Latina en reconocer a Estados Unidos como nación soberana,** siendo la primera Colombia en junio del mismo año. **Estados Unidos reconoció a México ese mismo año.**

156. **La Primera República tomó a Estados Unidos como modelo para su estructura.** Su constitución otorgaba gran autonomía a los estados, al igual que en Estados Unidos.

157. **Al introducir el sistema métrico decimal, la Primera República de México revolucionó la forma de medir y entender el mundo.**

158. **En 1825, la Primera República de México emitió nuevo papel moneda y monedas que fortalecieron la economía y la moneda de la nación.**

159. **Al abolir la esclavitud a principios del siglo XIX, la Primera República de México** hizo una audaz declaración al mundo sobre la importancia de los derechos humanos y la dignidad.

160. El gobierno de la república incluía una legislatura bicameral, **la Cámara de Diputados y el Senado.**

161. En un esfuerzo por unir a la nación, en 1830 **se estableció un sistema postal nacional**.

162. Para garantizar la equidad y la exactitud, **México adoptó un nuevo sistema de pesos y medidas** en 1831.

163. **Durante la Primera República se sentaron las bases del sistema educativo público mexicano**, al que siguieron la aprobación de importantes leyes por otros regímenes mexicanos de 1856 a 1867.

164. **El 28 de marzo de 1833, la Primera República de México expidió un decreto que abolió el uso de las lenguas indígenas** en el gobierno, la educación y la iglesia e impuso el español como lengua nacional.

165. **La Primera República de México construyó una serie de carreteras** para unir al país.

166. El ferrocarril se convirtió en un importante medio de transporte de mercancías y personas. **México construyó ferrocarriles por todo el país**, aunque muchos de ellos estaban controlados por ricas familias criollas o por inversores estadounidenses y británicos.

167. **La Universidad de México es la más antigua de América del Norte.** Durante la Primera República abrió sus puertas a más gente, pero no estaba abierta a todos los mexicanos, especialmente a los pobres.

168. Para garantizar la estabilidad financiera, **la Primera República de México introdujo un nuevo sistema tributario federal**. La mayoría de la gente ignoraba sus regulaciones, y el gobierno era demasiado nuevo y débil para hacer cumplir la ley.

169. **En 1832, en un esfuerzo por proteger a escritores e inventores, la Primera República de México promulgó un sistema nacional de leyes de derechos de autor.**

170. **México tuvo hospitales públicos desde la época española**, tanto para europeos como para indígenas. Bajo la república, aumentó el número de hospitales en México.

171. **En 1833 se promulgó la Ley Federal del Trabajo**, que introdujo por primera vez protecciones para los trabajadores. Comparada con las leyes laborales actuales, la ley de 1833 era simple y no ofrecía el mismo tipo de protecciones, pero fue un comienzo importante.

172. **El Estado mexicano incluía el territorio que hoy conocemos como México, pero también Texas, Arizona, Nuevo México y gran parte de California.** Todos estos territorios eran difíciles de gobernar desde la Ciudad de México, que es una de las razones por las que el control del gobierno mexicano se hizo tan débil.

173. **El Banco de Avío, uno de los primeros bancos nacionales centralizados,** se estableció en 1830.

174. El **héroe** de la guerra de Independencia mexicana **Guadalupe Victoria** fue **el primer presidente de México** (1824-1829)

175. **Guadalupe Victoria fue el único presidente de la república que no fue derrocado y sustituido,** algo que normalmente ocurría por los militares.

176. **Hubo nueve presidentes de la Primera República,** pero esas nueve «vacantes» fueron ocupadas por sólo seis personas, ya que **Valentín Gómez Farías y el general de Santa Anna** se sustituyeron frecuentemente entre 1833 y 1835.

177. Aunque **Antonio López de Santa Anna** entraba y salía del cargo, dominó la política mexicana desde 1833 hasta 1846, a veces mientras estaba en funciones y a veces como dictador militar en todo menos en el nombre.

178. **La Constitución Mexicana de 1824 otorgaba el derecho al voto a cualquier hombre mayor de dieciocho años,** siempre que estuviera en regla, lo que eliminaba a delincuentes conocidos y cualquier otra persona que los gobernantes quisieran limitar.

179. **En algunas partes de México, lejos de la capital, los indígenas se rebelaron contra el gobierno debido a la discriminación y los prejuicios de las autoridades.** Uno de los mayores levantamientos ocurrió en California en 1824, cuando **la tribu chumash** se sublevó contra el gobierno.

180. Aunque se realizaron algunos cambios importantes durante este periodo, **la Primera República de México se caracterizó por la inestabilidad política y los frecuentes cambios de gobierno.** Tuvo varios presidentes y numerosos levantamientos y conflictos durante su existencia.

Guerra de Independencia de Texas
(1835-1836)

Desde la batalla de Gonzales hasta la decisiva victoria en la batalla de San Jacinto, la guerra de Independencia de Texas fue una lucha compleja y tumultuosa. Los tejanos, formados en su mayoría por voluntarios mal preparados para la batalla, se enfrentaron al numeroso **ejército mexicano dirigido por Santa Anna**. Se forjaron héroes, se libraron batallas y nació una nación. Este capítulo explorará los acontecimientos que condujeron a **la guerra de Independencia de Texas**, las batallas y otros eventos de la guerra, y el legado duradero de esta pieza crítica de **la historia mexicana y estadounidense.**

181. **La guerra de Independencia de Texas comenzó el 2 de octubre de 1835, con la batalla de Gonzales.**

182. **La guerra de Independencia de Texas** se libró entre las fuerzas mexicanas dirigidas por el **general Antonio López de Santa Anna** y las fuerzas texanas dirigidas por el **general Sam Houston.**

183. **Sam Houston fue gobernador de Tennessee de 1827 a 1829 y llegó a ser el primer presidente de Texas en 1836.** Ejercería otro mandato de 1841 a 1844.

184. **Muchos estadounidenses se dirigieron a Texas en busca de tierras baratas durante la República de México.** Al principio, los mexicanos los acogieron con satisfacción, ya que traían algo de riqueza y estabilidad. Pero cuando llegaron más estadounidenses y establecieron su propia forma de gestionar las cosas, México decidió dejar de venderles tierras, preparando el terreno para **la guerra de Independencia de Texas.**

185. **La guerra de Independencia de Texas fue el resultado de las crecientes tensiones entre México y los colonos de Texas por los derechos sobre la tierra y la esclavitud.** La mayoría de los tejanos estaban a favor de la esclavitud, mientras que el gobierno mexicano la había abolido años antes.

186. **El ejército tejano estaba formado en su mayoría por voluntarios de Estados Unidos,** entre ellos muchos antiguos soldados estadounidenses. Estaban mal equipados y mal preparados para la batalla cuando ésta comenzó.

187. Muchas personas con ascendencia mexicana o **indígena mexicana decidieron que preferían formar parte de Texas en lugar de México**, que se había convertido en una dictadura bajo Santa Anna.

188. **Stephen F. Austin fue conocido como el «Padre de Texas»** y fue un líder importante en la guerra de Independencia de Texas.

189. **Mucha gente cree que la bandera del estado de Texas fue diseñada por el Dr. Charles B. Stewart, un importante político**, pero otros creen que **fue diseñada por Peter Krag,** un artista de Austin. La bandera fue adoptada como bandera nacional de Texas el 25 de enero de 1839.

190. **James Fannin fue un oficial estadounidense** que se trasladó a Texas desde Georgia en 1834. Fue uno de los primeros líderes de la guerra de Independencia de Texas, pero **fue ejecutado por las fuerzas mexicanas en la masacre de Goliad.**

191. **La masacre de Goliad fue un acontecimiento durante la guerra de Independencia de Texas** en la que más de cuatrocientos prisioneros de guerra tejanos fueron ejecutados por el **coronel José Nicolás de la Portilla** debido a una orden emitida **por Santa Anna** en la que todos los extranjeros (es decir, los estadounidenses) debían ser tratados como bandidos y ejecutados.

192. La bala del cañón **«Come and Take It»** fue el primer disparo de la batalla **de Gonzales**, que dio inicio a la guerra de Independencia de Texas. El destacamento mexicano local exigió a los texanos que entregaran el cañón, ya que podía ser utilizado contra los mexicanos. Los tejanos se negaron.

193. **Davy Crockett fue un aventurero y ex congresista estadounidense** de Tennessee que murió defendiendo El Álamo.

194. **La batalla de El Álamo fue un asedio de trece días,** que duró desde el 23 de febrero de 1836 hasta el 6 de marzo de 1836, y que se saldó con la derrota texana. De aquí viene el dicho: «¡Recuerda El Álamo! ».

195. **William B. Travis fue el comandante de las fuerzas texanas** en la batalla de El Álamo y murió mientras defendía el fuerte.

196. **La batalla de El Álamo** es recordada como una de las más heroicas de la historia, en la que los defensores tejanos lucharon contra probabilidades abrumadoras.

197. **Las fuerzas tejanas en la batalla de El Álamo estaban muy superadas en número,** con sólo unos doscientos hombres enfrentándose al ejército de Santa Anna. Los historiadores estiman que la fuerza de Santa Anna oscilaba entre 1.500 y 6.000 hombres, aunque la cifra más baja es probablemente más exacta.

198. Un afamado comerciante de esclavos y aventurero estadounidense llamado **James Bowie participó en la guerra**. Era famoso por llevar un cuchillo de gran tamaño, que se conoció como **el cuchillo Bowie** después de su muerte en **la batalla de El Álamo.**

199. **La victoria en la batalla de Concepción** (28 de octubre de 1835) fue la primera victoria de las fuerzas tejanas. Los texanos estaban liderados por **James Fannin y James («Jim») Bowie.**

200. **Juan Seguin fue un importante líder tejano** en la guerra de Independencia de Texas que luchó por la independencia tejana. Los tejanos eran de habla hispana.

201. **La armada tejana fue creada por el gobierno tejano** y desempeñó un papel pequeño pero importante en la guerra de Independencia de Texas. La armada se enfrentó a la más moderna armada mexicana en la batalla de Campeche, frente a la costa de la península de Yucatán.

202. **La batalla de Coleto** en marzo de 1836 fue una victoria decisiva para las fuerzas texanas y condujo a la captura de Goliad, una ciudad por la que se había luchado desde el comienzo de la guerra.

203. **Los Texas Rangers eran una fuerza paramilitar** creada en noviembre de 1835 para proteger a los colonos estadounidenses de los ataques de los nativos. Desempeñaron un papel importante en batallas clave como la batalla de San Jacinto.

204. **La batalla de San Jacinto** se libró el 21 de abril de 1836 y fue la batalla final de **la guerra de Independencia de Texas.**

205. **La batalla de San Jacinto**, que fue la batalla fundamental de la guerra de Independencia de Texas, ¡duró dieciocho minutos!

206. **Santa Anna fue capturado por las fuerzas tejanas en la batalla de San Jacinto.**

207. Santa Anna era conocido como el **«Napoleón del Oeste»** y fue presidente de México, aunque renunció al cargo para dirigir las fuerzas mexicanas en la guerra.

208. **El Tratado de Velasco puso fin oficialmente a la guerra de Independencia de Texas** y reconoció la independencia de la República de Texas.

209. **La Constitución de Texas fue adoptada en marzo de 1836** y estableció la República de Texas como nación independiente.

210. **La República de Texas fue una nación independiente durante nueve años antes de ser anexionada voluntariamente a Estados Unidos en 1845.**

La República mexicana centralista
(1835-1846)

En 1836 se estableció la República mexicana centralista, que marcó diez años de cambios turbulentos y transformadores. La nación vio la abolición de la esclavitud, una nueva constitución, **el ascenso del presidente Antonio López de Santa Anna** y una serie de reformas que dieron forma a la historia, la cultura y la economía de México. **La República mexicana centralista** fue precursora de muchos avances en el hemisferio occidental y presagió muchos cambios que afectarían a los países vecinos. He aquí algunos datos clave sobre esta formidable época de **la historia de México.**

211. **En 1835 terminó la Primera República mexicana. Las** malas políticas de recaudación de impuestos, la inflación, las constantes luchas por el poder y los problemas en Texas y otros lugares llevaron al colapso del gobierno.

212. **La Constitución de 1824 fue anulada,** y en su lugar **se puso una nueva constitución llamada de las Siete Leyes.**

213. Un hombre dominó este periodo: El general (y a veces presidente) **Antonio López de Santa Anna.** Muchos historiadores lo han comparado con un rey o dictador.

214. **Durante diez años, la nación estuvo dividida en diecinueve estados y cuatro territorios,** con los militares detentando la mayor parte del poder en el país.

215. **La guerra México-Estados Unidos** causó estragos en la vida política, militar y, sobre todo, económica de México, provocando penurias generalizadas.

216. **Se introdujeron cambios** como la abolición de la propiedad comunal, **una nueva moneda centralizada llamada «real»** y un nuevo sistema educativo.

217. **El presidente recibió autoridad para nombrar y destituir a los gobernadores de los estados.** También recurrió a menudo al ejército para silenciar a la oposición.

218. **Las Siete Leyes** trataron de crear un gobierno nacional fuerte en contraposición a la Constitución de 1824, que daba más poder a los gobiernos locales y estatales.

219. **La debilidad del gobierno de la Primera República y la derrota en la guerra con EE. UU. provocaron el fin de la Primera República.**

220. **México fue la primera nación latinoamericana en establecer relaciones diplomáticas con Estados Unidos.**

221. **Las ideas de la Ilustración europea y de la Iglesia católica romana tuvieron un efecto considerable en la política y las leyes de la nación**. En general, estas dos formas de pensar y ver el mundo eran opuestas.

222. **En México se inició una división entre los liberales**, que tomaban como modelo a Europa y Estados Unidos, y los conservadores, que se inspiraban en **la Iglesia católica** y las monarquías europeas.

223. **El Partido Conservador dominó** los años de **la República mexicana centralista.**

224. **Santa Anna accedió al poder tras comandar una unidad en la guerra de Independencia mexicana**. A los militares no se les permitía ocupar el cargo presidencial, por lo que Santa Anna «renunció» en repetidas ocasiones.

225. **Santa Anna entró y salió del poder durante años.** En 1855 se vio obligado al exilio, que duró hasta 1874. **Vivió en Cuba** y, sorprendentemente, en Estados Unidos, su antiguo enemigo, así como en Colombia y en las Islas Vírgenes.

226. **Santa Anna intentó reincorporarse a la política sin éxito** y fue un hombre de negocios fracasado. Fue enterrado con todos los honores militares cuando murió en su patria en 1876.

227. **Bajo Santa Anna, se permitió a la Iglesia católica conservar sus privilegios** y vastas extensiones de tierra a cambio de una «donación» mensual al Estado. Parte de este dinero llegó a manos de Santa Anna.

228. **A pesar del poder y la influencia de la Iglesia católica**, los mexicanos gozaron de libertad de culto durante este periodo.

229. **La rebelión en Texas y el duro trato de Santa Anna a los texanos capturados provocó que otras partes de México se levantaran en rebelión contra la autoridad centralizada.**

230. En 1838 tuvo lugar **una rebelión en el ejército** contra la nueva estructura centralizada del gobierno, que fue derrotada al año siguiente.

231. El líder de la revuelta de 1838, el **general José de Urrea**, se fugó de prisión para unirse a otra revuelta contra el gobierno, en la que se combatió en las calles de la ciudad de México. **Santa Anna**, que ya había entrado y salido del poder dos veces, regresó y **formó una dictadura militar en 1842.**

232. **Santa Anna mandó redactar otra constitución, las Bases Orgánicas** (de la nación), en 1843. Esta constitución daba aún más poder al presidente.

233. **Las Bases Orgánicas también consideraban un sistema escolar público ampliado, algo que era importante para Santa Anna.**

234. **La República mexicana centralista** se enfrentó a una importante oposición por parte de las fuerzas federalistas y los gobiernos regionales, particularmente en estados como **Texas, Yucatán y Zacatecas.** Estas regiones buscaron mantener su autonomía y se resistieron a los esfuerzos centralizadores.

235. **En 1842, Santa Anna intentó reformar y recentralizar la recaudación de impuestos federales,** algo que provocó la ira generalizada y su caída temporal.

236. **España reconoció finalmente la independencia de México en 1836.**

237. **La República mexicana centralista** formó el primer verdadero ejército permanente de México. Anteriormente había dependido de las milicias locales.

238. De 1838 a 1839, **la guerra de los pasteles con Francia se libró por cuestiones comerciales** y por la corrupción del gobierno mexicano.

239. **Francia se apoderó de la ciudad de Veracruz y bloqueó los puertos mexicanos hasta que los británicos mediaron en un acuerdo de paz entre ambos países.**

240. La intervención extranjera, las luchas en el gobierno, los disturbios civiles y la resistencia al gobierno federal por parte de los estados y los pueblos indígenas contribuyeron a **la caída de la República mexicana centralista**.

Guerra de Castas de Yucatán
(1847-1901)

Veamos algunos hechos interesantes en torno a **La guerra de Castas de Yucatán. Esta guerra duró más de cincuenta años y en ella se enfrentaron los mayas y el gobierno mexicano.** Los esfuerzos del gobierno mexicano por sofocar el levantamiento provocaron la muerte de miles de mayas y el desplazamiento de otros miles. **La guerra de Castas dejó un impacto duradero en la región de Yucatán.** Descubramos por qué.

241. **La guerra de Castas de Yucatán comenzó el 30 de julio de 1847.**

242. La guerra de Castas fue **un conflicto entre el pueblo maya de la península de Yucatán y el gobierno mexicano.**

243. En realidad hubo dos revueltas en **la península de Yucatán** que comenzaron en la década de 1840. Una fue encabezada por líderes criollos que querían establecer un estado independiente. **La otra fue liderada por los mayas**, que querían su propia nación independiente, libre del gobierno mexicano y de la discriminación de los criollos.

244. **El ejército maya luchó inicialmente con machetes, lanzas y arcos y flechas, ya que la región era pobre y carecía de acceso a armas modernas.**

245. En un esfuerzo por burlar a sus adversarios, **las fuerzas mayas utilizaron tácticas de guerrilla** como emboscadas en los bosques profundos.

246. En 1846, **algunos mayas se sublevaron contra las autoridades mexicanas.** Cuando uno de sus líderes, Manuel Antonio Ay, fue ejecutado por el gobierno, la mayoría de **los mayas de Yucatán se sublevaron, dando inicio a la guerra de Castas.**

247. **Cecilio Chí y Jacinto Pat estaban entre los líderes más influyentes de las fuerzas mayas.**

248. En medio de la guerra de Castas, **las fuerzas mayas proclamaron una nación independiente, la República de Chan Santa Cruz.**

249. La República de Chan Santa Cruz tenía un gobierno y una constitución propios.

250. La guerra no fue continua. Durante un tiempo a finales del siglo XIX, **varios gobiernos mexicanos reconocieron que el Yucatán maya tenía su propio gobierno**, pero los cambios en el liderazgo y la política cambiaron esto a principios del siglo XX, cuando un renovado esfuerzo gubernamental logró absorber a **Chan Santa Cruz** de vuelta a México.

251. La guerra de Castas causó destrucción recurrente, penurias económicas y el desplazamiento de muchos mayas.

252. El esfuerzo del gobierno mexicano por suprimir el levantamiento maya provocó la muerte de miles de mayas.

253. En 1901, las fuerzas mexicanas tomaron Chan Santa Cruz, proclamada capital del pueblo maya, y sus alrededores. La mayoría de la gente sabía que la guerra había terminado, pero no terminó oficialmente hasta 1915, cuando el liderazgo de los mayas cedió.

254. Una vez terminada la guerra, algunas demandas mayas fueron atendidas, como una mayor autonomía para la región que tenían antes de que comenzara la revuelta.

255. La guerra de Castas tuvo una gran influencia en la disminución de la población maya en la región de Yucatán.

256. La guerra de Castas causó una pérdida de poder económico y político para el pueblo maya.

257. La guerra de Castas provocó la pérdida de muchas costumbres y creencias tradicionales mayas.

258. Antes de la guerra, **el gobierno mexicano trató de incorporar a los mayas a la cultura mexicana utilizando la intimidación y la fuerza.** Esto cambió gradualmente a principios del siglo XX, cuando se desarrolló un diálogo pacífico entre ambas partes.

259. La guerra de Castas es vista por muchos como un símbolo de la resistencia indígena a la opresión y la explotación y un testimonio de su resistencia.

260. Los tres líderes mayas más famosos de la época —Manuel Ay, Cecilio Chí y Jacinto Pat— murieron antes de que terminara la guerra. Ay fue ejecutado por el gobierno mexicano, lo que fue la chispa que desencadenó la guerra, y tanto **Chí como Pat fueron asesinados por sus rivales.** Sin embargo, los tres son considerados los líderes y el espíritu del movimiento independentista maya.

Guerra mexicano-estadounidense
(1846-1848)

La guerra entre México y Estados Unidos cambió el curso de la historia. En este capítulo aprenderá muchas cosas nuevas sobre este conflicto, como el papel que desempeñaron los camellos y **los estadounidenses que lucharon en México y que más tarde serían líderes en la guerra civil de Estados Unidos**. La guerra supuso un importante cambio en el equilibrio de poder en el suroeste, ya que **Estados Unidos se hizo con el control de gran parte de la región**. ¡Sumerjámonos en el tema!

261. **La guerra México-Estados Unidos** comenzó en 1846 y terminó dos años después con **el Tratado de Guadalupe Hidalgo**.

262. **Estados Unidos y México se enzarzaron en un conflicto** debido a las disputas sobre la frontera que compartían y la posesión de Texas, que había pasado a formar parte de EE. UU. en 1845.

263. A pesar de tener ventaja en número, **el ejército mexicano se vio obstaculizado por la falta de equipo y armamento moderno**.

264. **El ejército estadounidense estaba liderado por los generales Zachary Taylor y Winfield Scott.**

265. **El ejército mexicano estaba comandado por Antonio López de Santa Anna** y estaba compuesto por soldados profesionales, milicianos y voluntarios civiles.

266. **Santa Anna había sido forzado al exilio en 1845, pero quería regresar a su país natal.** Prometió a los estadounidenses que si le dejaban pasar a través de su bloqueo, sacaría a México de la guerra.

267. **Cuando Santa Anna llegó a México, cambió de opinión, provocando que las fuerzas estadounidenses invadieran la Ciudad de México para derrotar a Santa Anna y a los mexicanos.**

268. La guerra se libró en varios lugares, incluyendo los actuales estados de **California, Nuevo México, Arizona, Texas y partes de Colorado**, así como en los desiertos, montañas y **llanuras de México**.

269. **El ejército mexicano sufrió la falta de suministros**, incluyendo alimentos y municiones.

270. **En México, el ejército estadounidense era conocido por sus tácticas brutales**, como la quema de pueblos y cultivos.

271. **Las fuerzas estadounidenses contaron con la ayuda de exploradores seminolas, creek y cherokees.**

272. **El ejército estadounidense utilizó camellos por primera vez** en misiones de reconocimiento.

273. **La base de entrenamiento utilizada por el «Cuerpo de camellos» estaba en Camp Verde, Texas.**

274. **La US Navy pudo transportar tropas y suministros** y bombardear posiciones y ciudades mexicanas en las costas.

275. **Las fuerzas mexicanas utilizaron tácticas de guerrilla.** Empleaban tácticas de ataque y huida, como emboscadas e incursiones.

276. **Las tácticas del ejército estadounidense eran sólo un poco diferentes**, basándose en una combinación de guerra de asedio y maniobras para burlar a sus oponentes.

277. **La guerra provocó el desplazamiento de muchas tribus nativas americanas de sus tierras ancestrales**, dando lugar a un importante cambio en el equilibrio de poder en el suroeste, con Estados Unidos haciéndose con el control de gran parte de la región.

278. **Al principio, muchos hispanohablantes de California apoyaron a los estadounidenses,** pero las atrocidades y el escandaloso comportamiento de muchas unidades de voluntarios estadounidenses hicieron que se rebelaran. Fueron derrotados en la **batalla de Providencia**, cerca de la actual Los Ángeles.

279. **La marina estadounidense bloqueó los puertos mexicanos** y prohibió el transporte marítimo mexicano durante la guerra, afectando la economía de México.

280. **La caballería mexicana estaba formada por hábiles lanceros.** (Las lanzas estaban diseñadas para ser utilizadas por un guerrero montado o soldado de caballería. También se utilizaba en la época medieval).

281. **La caballería estadounidense estaba formada por dragoniantes armados con sables y pistolas.**

282. Muchos soldados estadounidenses que más tarde se hicieron famosos en la guerra civil de EE. UU. entraron en acción en **la guerra mexicano-estadounidense.** Entre ellos estaban **Ulysses S. Grant, Robert E. Lee y Thomas J. «Stonewall» Jackson.**

283. El presidente de Estados Unidos durante la guerra era **James K. Polk,** que había prometido que sólo cumpliría un mandato si se alcanzaban sus principales objetivos. Uno de estos objetivos era la conquista del territorio mexicano en el oeste.

284. **El ejército estadounidense también contó con la ayuda de un gran número de voluntarios,** muchos de los cuales habían luchado en la guerra de Independencia de Texas.

285. Los voluntarios de Tennessee hicieron historia. **La Universidad de Tennessee aún llama a sus equipos deportivos los «Vols».**

286. **No todos los estadounidenses estaban a favor de la guerra.** Algunos creían que era puramente una guerra de conquista. Una de estas personas fue el congresista y futuro **presidente Abraham Lincoln.**

287. **La guerra terminó con la muerte de aproximadamente seis mil a veinticinco mil mexicanos, incluyendo civiles.**

288. **Las muertes estadounidenses ascendieron a un total de 1.733 hombres muertos en combate.** Sin embargo, más de once mil murieron por enfermedad.

289. **Muchos nativos que habían vivido en California bajo el dominio mexicano fueron expulsados del territorio o asesinados cuando Estados Unidos tomó el poder.**

290. Las estimaciones de **indígenas californianos asesinados** por colonos blancos y milicianos en California oscilan entre nueve mil y dieciséis mil.

291. **La guerra entre México y Estados Unidos fue la primera en la que el ejército estadounidense utilizó el nuevo revólver Colt.**

292. Winfield Scott, comandante general de EE. UU., rodeó la costa mexicana con barcos estadounidenses, impidiendo que los suministros de ultramar llegaran a México.

293. Al comienzo de la guerra civil estadounidense, Scott ideó el plan Anaconda del Norte, que hizo prácticamente lo mismo con la Confederación.

294. La armada estadounidense no tuvo ningún combate real barco contra barco en la guerra. La armada de México sólo existía sobre el papel.

295. La victoria estadounidense resultó en la adquisición de más de 500,000 millas cuadradas de tierra, incluyendo Texas, California, Arizona y Nuevo México.

296. Una vez ganada la guerra, el nuevo tratado concedió a los ciudadanos estadounidenses el derecho a adquirir tierras en México y a los mexicanos en Estados Unidos el derecho a convertirse en ciudadanos.

297. A pesar de ser un héroe en la guerra México-Estados Unidos y jugar un papel vital **en la batalla de Chapultepec, Ulysses Grant** condenó más tarde la guerra México-Estados Unidos y dijo: «Hasta el día de hoy, considero la guerra como una de las más injustas jamás emprendidas por una nación más fuerte contra una más débil».

298. **El comodoro estadounidense John Sloat,** que tiene calles, parques y otros lugares con su nombre en California, arrebató San Francisco a México el 9 de julio de 1846. Otros lugares en todo el norte de California fueron tomados por los colonos estadounidenses más o menos al mismo tiempo.

299. **Los mayas de Yucatán mantenían relaciones más estrechas con Estados Unidos que con el gobierno mexicano.** La marina estadounidense utilizaba la costa de Yucatán para desembarcar suministros.

300. **En la primera batalla de Tabasco,** a lo largo de la costa mexicana, el **oficial naval estadounidense Matthew C. Perry,** que más tarde se haría famoso como el hombre que abrió Japón al mundo exterior, fue derrotado cuando intentó desembarcar marineros para apoderarse de varias ciudades a lo largo de la costa.

La guerra de Reforma
(1858-1861)

La guerra de Reforma de mediados del siglo XIX supuso un punto de inflexión monumental en la **historia de México**, dando paso a una oleada de reformas sociales, políticas y económicas que tuvieron consecuencias de gran alcance. **Desde la introducción de una nueva moneda hasta la aparición de un nuevo tipo de nacionalismo, la guerra de Reforma dio origen a una nueva identidad mexicana.** Veamos algunos datos sobre esta época.

301. **La guerra de Reforma fue en realidad una guerra civil.** Fue un importante punto de inflexión en la historia de México, que condujo a la caída de las fuerzas conservadoras y al ascenso de las fuerzas liberales.

302. **La guerra fue desencadenada por la promulgación de la Constitución mexicana de 1857,** que pretendía establecer un gobierno más laico y centralizado y recortar el poder de **la Iglesia católica**.

303. **La facción liberal del gobierno, encabezada por el presidente Benito Juárez,** apoyó la nueva constitución y buscó implementar sus reformas, incluyendo **la nacionalización de las propiedades de la Iglesia y la separación de la Iglesia y el Estado.**

304. **Los conservadores se opusieron a la Constitución de 1857.** Estaban respaldados **por la Iglesia católica y encabezados por el general Miguel Miramón.** Buscaban preservar los privilegios tradicionales y la influencia de la Iglesia.

305. **Como resultado de la guerra de Reforma, muchos mexicanos vieron destruidas sus fortunas**, lo que llevó a muchos a la pobreza.

306. **A causa de la corrupción y la mala administración, el gobierno mexicano se encontró tan falto de efectivo durante la guerra de Reforma** que se vio obligado a imprimir papel moneda, que finalmente quedó sin valor.

307. **Los liberales del país deseaban ver reducido el poder de los militares**, la Iglesia católica, los grandes terratenientes y los extranjeros en México.

308. **Al inicio de la guerra, el Partido Liberal y su apoyo se localizaban en el centro del país, incluyendo la Ciudad de México**. El apoyo conservador era más fuerte en el campo y en el norte y sur.

309. **Estados Unidos apoyó al Partido Liberal** y sus políticas durante la guerra de Reforma, mientras que Francia, España y Gran Bretaña apoyaron al Partido Conservador.

310. **Había muchos problemas que separaban a los mexicanos entre sí**. Todos sus problemas salieron a la luz durante la lucha por el contenido de la Constitución de 1857. El tema principal era qué tan fuerte iba a ser el gobierno central con respecto a los estados.

311. Justo antes de la guerra de Reforma, en 1854, surgió un nuevo himno nacional, el **Himno Nacional mexicano**, que es el himno nacional del país en la actualidad.

312. A mediados del siglo XIX, escritores mexicanos comenzaron a hacerse un nombre en el mundo de habla hispana, como **Vicente Riva Palacio, Ignacio Galván** y muchos otros.

313. **La guerra de Reforma también vio el surgimiento de un nuevo tipo de nacionalismo en México**, uno que se basaba en el liberalismo y el «poder popular».

314. **La guerra de Reforma condujo a la reforma de la Suprema Corte de Justicia de la Nación**, encargada de supervisar el sistema judicial. Anteriormente, la Suprema Corte había estado firmemente bajo el control del presidente.

315. En esta época se crearon los famosos (y a veces tristemente célebres) **Federales, un cuerpo policial** del ejército mexicano encargado de mantener el orden público y proteger a los ciudadanos. **Aunque los Federales son ahora una unidad única de la policía mexicana y se fundaron en 1999**, el término Federales fue utilizado inicialmente por los estadounidenses para describir la fuerza original y las que vinieron después.

316. **Durante la guerra de Reforma tuvieron lugar muchas batallas sangrientas.** Inicialmente, los conservadores tenían la ventaja, pero al final de la guerra, las luchas internas conservadoras, la ayuda extranjera y el deseo de cambio de muchos mexicanos dieron la ventaja a los liberales, que ganaron el conflicto y establecieron un nuevo gobierno en 1860.

317. **La guerra duró cuatro años, de 1857 a 1861**, y provocó una considerable devastación y pérdida de vidas humanas. Causó inestabilidad política y dificultades económicas en México, exacerbando las divisiones sociales existentes.

318. **Los daños causados a la infraestructura del país durante la guerra condujeron a una recesión económica**, que fortaleció gradualmente a los conservadores, quienes buscaron el apoyo del emperador conservador de Francia, Napoleón III.

319. **La guerra de Reforma fue testigo de una importante intervención extranjera. Francia, bajo Napoleón III,** aprovechó el conflicto interno para invadir México en 1861 y establecer el efímero régimen impuesto por Francia conocido como el **Segundo Imperio mexicano.**

320. La guerra de Reforma también vio surgir de nuevo el peso, cuyo objetivo era promover la estabilidad y el crecimiento económicos. **El peso sustituyó al real**.

321. **Además, la guerra de Reforma llevó al establecimiento de un nuevo sistema de reforma agraria,** que buscaba redistribuir la tierra de forma más equitativa. Gran parte de la tierra fue arrebatada a la Iglesia católica, que había controlado no sólo la tierra, sino también el empleo.

322. **Este conflicto también supuso la introducción de un nuevo sistema educativo**, diseñado para crear una población más alfabetizada, separada de las ideas del catolicismo. Hasta entonces, la Iglesia había dominado la educación en México.

323. **En la guerra de Reforma surgió en México un ejército más organizado y profesional**, mejor entrenado y equipado que sus antecesores.

324. **La guerra de Reforma dio lugar a la adopción de un nuevo sistema legal en México conocido como la Ley Lerdo**, que buscaba limitar el poder de la Iglesia católica, entre otras cosas.

325. **Benito Juárez fue elegido presidente de México en 1861.** Juárez era un populista que gozaba de gran atractivo entre la gente común y apoyaba enérgicamente el orgullo nacional, no sólo el de las clases altas gobernantes.

326. **Juárez fue el primer presidente indígena de México y la primera persona nativa que ocupó el poder en la era poscolonial.** La mayoría de los mexicanos consideran hoy a **Benito Juárez** un héroe, aunque no todas sus reformas tuvieron éxito.

327. **Este conflicto trajo consigo un nuevo sistema de gobierno**, que buscaba limitar el poder del ejecutivo y dar más poder al pueblo.

328. **Al término de la guerra de Reforma, surgió en México un nuevo tipo de política exterior** que buscaba distanciar a México de las potencias europeas y centrarse en cambio en el continente americano.

329. **La guerra de Reforma también llevó a la abolición del peonaje por deudas,** que había sido un gran problema en México antes de la guerra. El peonaje por deudas significa que la gente saldaba sus deudas con trabajo.

330. **Además, la guerra de Reforma vio surgir un nuevo tipo de economía en México.** Esta nueva economía se basaba en el libre comercio y la liberalización económica, al igual que las sociedades capitalistas occidentales más destacadas de la época.

El Segundo Imperio mexicano
(1864-1867)

¿Otro imperio? Sí. El Segundo Imperio mexicano fue un intento de restaurar el orden en una nación caótica. Establecida en 1864, **esta monarquía de corta vida fue financiada por el gobierno francés** y apoyada en gran medida por el segmento conservador de la población mexicana. El **emperador Maximiliano I**, único monarca del **Segundo Imperio mexicano**, inició una serie de reformas. Sin embargo, su reinado llegó a un abrupto final. Descubra cómo, así como **el impacto del imperio en México**.

331. **El Segundo Imperio mexicano** se estableció en 1864 y terminó en 1867. Por lo tanto, fue un periodo corto de gobierno monárquico.

332. **El caos y la guerra civil fueron el impulso para el Segundo Imperio mexicano,** que se creó en un intento por restaurar el orden.

333. **Benito Juárez fue obligado a abandonar la capital, pero nunca abandonó el país.**

334. Maximiliano I fue el único monarca del Segundo Imperio mexicano.

335. **El reinado del emperador Maximiliano I sobre el Segundo Imperio mexicano fue fuertemente apoyado por la élite conservadora**, que había luchado en la guerra de Reforma.

336. **La Iglesia católica conservadora también apoyó al Segundo Imperio mexicano.**

337. Como era de esperar, las fuerzas liberales de México se opusieron enérgicamente al **Segundo Imperio mexicano**.

338. **El emperador Napoleón III de Francia**, sobrino de Napoleón Bonaparte, quería aumentar la influencia de Francia en ultramar. **Financió en gran parte los esfuerzos para llevar a Maximiliano al poder.**

339. Maximiliano era miembro de la familia Habsburgo, cuyos miembros ocupaban los tronos de España y Austria.

340. **Durante el Segundo Imperio mexicano, EE. UU. se vio envuelto en la lucha de su propia guerra civil y no pudo evitar la injerencia de Francia en México.** Sin embargo, EE. UU. continuó apoyando al gobierno republicano.

341. **La emperatriz Carlota, esposa de Maximiliano, fue una figura clave en el Segundo Imperio mexicano.** Cuando Maximiliano se ausentó de la capital, nombró a su esposa regente hasta su regreso.

342. **La agitación política y el desorden fueron señas de identidad de la efímera monarquía.**

343. Durante el Segundo Imperio mexicano **se creó un ferrocarril que unía la Ciudad de México con la importante ciudad de Veracruz.**

344. En 1866, ante una posible guerra en Europa y no dispuesto a luchar contra los ahora reunificados Estados Unidos, **Napoleón III retiró las tropas francesas, incluida la famosa Legión extranjera francesa, y el apoyo financiero de Maximiliano.**

345. **Los cargos de traición derivados del apoyo de Francia al emperador dieron lugar a su ejecución**, poniendo fin al Segundo Imperio mexicano.

346. **La emperatriz Carlota se encontraba en Europa intentando conseguir más ayuda para el imperio cuando su marido fue asesinado por un pelotón de fusilamiento.**

347. **Carlota pasó el resto de su vida recluida en Europa.** Murió en 1927.

348. **La ejecución de Maximiliano causó indignación en Europa,** lo que provocó tensas relaciones diplomáticas entre México y varios países europeos.

349. **La caída del Segundo Imperio mexicano supuso un duro golpe para las ambiciones europeas de expandir su influencia en América.**

350. Tras deponer a Maximiliano I, las fuerzas liberales, partidarias de una república, **acabaron con el Segundo Imperio mexicano en 1867.**

351. **El Congreso mexicano disolvió oficialmente el Segundo Imperio mexicano en 1867.**

352. **México se enfrentó a importantes retos para reconstruirse y recuperarse de la guerra** y del periodo de intervención extranjera.

353. **La historia de Maximiliano y Carlota ha inspirado la literatura, el arte y el cine,** contribuyendo a su perdurabilidad en la cultura popular.

354. **Los acontecimientos del Segundo Imperio mexicano tuvieron un impacto duradero en el nacionalismo mexicano y en el sentido de identidad del país.** Después de este periodo, el nacionalismo mexicano aumentó dramáticamente en todo el país.

355. A pesar de sus orígenes extranjeros, la música traída por los franceses influyó en la cultura mexicana hasta nuestros días. Algunos dicen que la música de mariachi tiene sus raíces en lo que los franceses llamaban «música de matrimonio», cuando los músicos mexicanos eran contratados para tocar tanto música mexicana como valses europeos.

Expansión de la industrialización
(1890-1940)

Durante el periodo de industrialización entre 1890 y 1940 México experimentó una drástica transformación en sus infraestructuras, industrias y tecnología. Veamos algunos datos clave sobre esta importante época de la **historia de México,** así como exploremos las causas e implicaciones de la revolución industrial mexicana.

356. **México experimentó una importante industrialización en el periodo de 1890 a 1940.**

357. **En 1895 se construyó un moderno ferrocarril de la Ciudad de México a Puebla.**

358. **México comenzó a centrarse en la industrialización** para aumentar el crecimiento económico. Había visto cómo Estados Unidos y Europa hacían crecer sus economías a través del desarrollo industrial.

359. **El gobierno aumentó la inversión en infraestructuras,** construyendo mejores carreteras y ferrocarriles.

360. **México aprobó una serie de aranceles internos y externos** (impuestos sobre las mercancías) que tuvieron éxito en parte.

361. **Las empresas mexicanas más pequeñas se vieron perjudicadas por los aranceles internos,** pero algunas empresas más grandes, como la industria textil, se beneficiaron porque los productos textiles extranjeros estaban gravados con una tasa elevada.

362. **El gobierno otorgó subsidios para fomentar el crecimiento de la industria mexicana.**

363. **El crecimiento industrial mexicano** se vio obstaculizado por un alto grado de corrupción en el gobierno y las empresas.

364. **México comenzó a producir bienes de consumo para otros países,** como ropa y muebles, pero la mayoría de los mexicanos tenían dificultades para permitirse algo más que lo necesario. Esta situación comenzó a cambiar en las ciudades más grandes de México a principios del siglo XX.

365. **El número de fábricas en México aumentó** significativamente durante el periodo de industrialización.

366. **El sector manufacturero de México estaba dominado por los textiles, los productos alimenticios y la minería.**

367. Durante este periodo, **México se convirtió en un importante productor** de petróleo y otros minerales.

368. **México abrió sus puertas a la inversión extranjera,** especialmente de 1876 a 1911, lo que condujo a un mayor crecimiento económico.

369. **El gobierno estableció un banco nacional en 1925** para ayudar a dirigir y coordinar la economía.

370. A principios del siglo XX, **México inició sus propias industrias de acero, cemento y otros materiales para la construcción,** lo que ayudó al crecimiento económico del país y disminuyó su dependencia de otros países.

371. **La producción de automóviles comenzó en México en 1925.**

372. **Ford abrió una planta en el barrio de San Lázaro** de la Ciudad de México en 1925.

373. **México también comenzó a producir muchos tipos de productos químicos y papel.**

374. El gobierno fomentó **el desarrollo de nuevas industrias,** como la producción de electricidad. Realizó grandes inversiones en centrales eléctricas e infraestructura eléctrica.

375. **El gobierno también invirtió en proyectos de irrigación para mejorar la producción agrícola,** lo que ayudó al país a convertirse en un importante exportador de frutas y verduras a EE. UU.

376. **El número de trabajadores en el sector industrial aumentó** de 600.000 en 1890 a 1.2 millones en 1930.

377. **El número de fábricas en México aumentó** de 1.600 en 1900 a 4.000 en 1930.

378. **La producción industrial de México aumentó** de 4.200 millones de pesos en 1900 a 12.500 millones de pesos en 1929.

379. **El número de trabajadores en el sector minero aumentó** de 30.000 en 1900 a 100.000 en 1930.

380. **El número de trabajadores en la industria petrolera aumentó** de cuatro mil en 1900 a diecisiete mil en 1930.

381. **El número de trabajadores de la industria textil aumentó** de veinte mil en 1900 a setenta y dos mil en 1930.

382. **La producción industrial de México aumentó** en promedio 5.5 por ciento cada año entre 1890 y 1930.

383. **México era la cuarta economía de América Latina** en 1930.

384. En 1938, **el presidente Lázaro Cárdenas nacionalizó la industria petrolera mexicana**, lo que significó que el gobierno se hizo cargo de toda la producción y venta de petróleo del país. Con esta medida también se expulsó a las empresas estadounidenses que habían adquirido gran influencia en México.

385. **El número de fábricas en México aumentó** de 1.600 en 1900 a 4.000 en 1930.

386. **La minería del cobre creció** en importancia a medida que aumentaba el número de productos eléctricos y el uso de la electricidad. El cobre es un excelente conductor de la electricidad.

387. A pesar de muchas mejoras y del crecimiento de la riqueza, **la mayoría de los mexicanos no vieron grandes mejoras en sus condiciones de vida y de trabajo**, lo que provocó un malestar generalizado a finales del siglo XIX y principios del XX.

388. **México también estableció una industria nacional de aviación** en la década de 1920, que contribuyó a facilitar aún más el comercio y el transporte.

389. Durante la revolución industrial de los años treinta, **México fue uno de los primeros países de América Latina en desarrollar su propia industria siderúrgica.**

390. **La industrialización de México se concentró fuertemente en el norte del país,** particularmente en los estados de Chihuahua, Coahuila y Nuevo León.

391. **Las principales exportaciones de México fueron minerales y petróleo,** aunque el sector manufacturero también experimentó un importante crecimiento.

392. **La industrialización de México dependía en gran medida de la importación de tecnología y bienes de capital extranjeros**, especialmente de Estados Unidos.

393. **La familia Rockefeller de Estados Unidos invirtió fuertemente en la industrialización de México** durante este periodo.

394. **La implicación financiera estadounidense en México** causó gran resentimiento entre los pobres y los nacionalistas mexicanos, provocando tensiones entre ambos países.

395. **Durante el periodo de industrialización surgió una poderosa élite** formada por grandes terratenientes, industriales y financieros que controlaban gran parte de la riqueza y los recursos del país.

La Revolución Mexicana
(1910-1920)

La **Revolución mexicana de 1910** estalló en una llamarada de furia cuando los insurgentes liderados por **Francisco Ignacio Madero y Emiliano Zapata** desafiaron el gobierno de **Porfirio Díaz**. A medida que el tumulto se extendía por el país, surgieron figuras legendarias que inspiraron a miles de personas. **Los héroes de la revolución siguen siendo recordados y venerados hoy en día**, y sus legados permanecen vivos en el corazón de los mexicanos.

396. **En 1910, un grupo de insurgentes encabezados por Francisco Ignacio Madero inició hostilidades contra el gobierno de Díaz**, dando inicio a lo que se conocería como **la Revolución mexicana.**

397. **Francisco Ignacio Madero había sido candidato a la presidencia contra Díaz** y había sido encarcelado durante un tiempo.

398. **Díaz estaba en el poder desde finales de la década de 1870** y había abierto el país a las grandes compañías extranjeras.

399. **La corrupción, los abusos contra obreros y campesinos y la negativa de Díaz a acatar los principios democráticos condujeron a la guerra.**

400. Las fuerzas revolucionarias lograron derrotar a las fuerzas de Porfirio Díaz tras una serie de batallas que culminaron en **la batalla de Ciudad Juárez** en 1911.

401. Emiliano Zapata fue uno de los principales protagonistas de la revuelta. Fue una figura instrumental en la formación del **Ejército Libertador del Sur** en 1911.

402. **Pancho Villa** fue otro revolucionario famoso. Durante un tiempo, de 1914 a 1915, EE. UU. le consideró **el líder de México.**

403. **EE. UU. ejerció una influencia significativa durante este periodo y lanzó incursiones en México para intentar atrapar a Pancho Villa**, que se había vuelto contra el nuevo gobierno y había lanzado incursiones hacia EE. UU., en parte como respuesta al apoyo de EE. UU. a **Victoriano Huerta** y a su interferencia en los asuntos mexicanos.

404. **Huerta luchó inicialmente por Madero,** pero se volvió contra el presidente durante la Decena Trágica, nombre dado al golpe de Huerta.

405. Dos futuros héroes militares estadounidenses, **John J. Pershing**, que dirigió el ejército de Estados Unidos en la Primera Guerra Mundial, y **George Patton,** que dirigió un ejército en la Segunda Guerra Mundial, **participaron en la lucha contra Villa y sus hombres.**

406. **Venustiano Carranza** había sido aliado de **Porfirio Díaz,** pero se volvió contra él y se convirtió en un importante líder de la revolución. Cuando llegó a la presidencia en 1917, muchos creyeron que no promulgó las reformas por las que habían luchado los revolucionarios.

407. **La Constitución de 1917 garantizó la libertad religiosa y la igualdad de género para los mexicanos.**

408. Las mujeres, como **Juana Belén Gutiérrez de Mendoza y Petra Herrera,** desempeñaron un papel notable en la revolución, luchando codo con codo con sus homólogos masculinos.

409. **Las rebeliones campesinas contra los terratenientes ricos aumentaron durante la revolución,** aunque a menudo fueron reprimidas con dureza.

410. **El derrocamiento de Díaz creó un vacío de poder** que muchos revolucionarios mexicanos intentaron llenar.

411. **El gobierno de Madero fue derrocado por el general Huerta**, que contaba con el apoyo de Estados Unidos y de muchos generales mexicanos.

412. **Huerta también contaba con el apoyo del Imperio alemán**, que empezaba a asentarse en el escenario mundial.

413. **El golpe de Huerta no hizo sino empeorar la guerra,** y Huerta se vio obligado a dimitir tras apenas año y medio en el poder.

414. **Huerta huiría del país**. Vivió en España durante un tiempo, pero finalmente se trasladó a Estados Unidos. Allí conspiró con los alemanes durante la Primera Guerra Mundial, lo que llevó a su arresto. Murió en la cárcel.

415. En el norte, cerca de la frontera con Estados Unidos, **las fuerzas de Villa lograron vencer a las fuerzas conservadoras en Ciudad Juárez.**

416. **La batalla de Zacatecas en 1914** fue un éxito crucial para los revolucionarios, permitiéndoles tomar el control de Ciudad de México.

417. **Los periódicos aumentaron durante la Revolución mexicana**, permitiendo a los líderes revolucionarios comunicar sus ideas.

418. Numerosos líderes revolucionarios, entre ellos **Francisco Madero y Emiliano Zapata,** fueron asesinados durante la lucha.

419. **Emiliano Zapata, un popular revolucionario, fue asesinado en 1919** al ser emboscado por fuerzas del ejército mexicano.

420. **Estados Unidos ofreció apoyo militar a los revolucionarios**, proporcionándoles armas y municiones.

421. Después de muchos años de lucha, asesinatos y destrucción, **muchas de las facciones que luchaban en la guerra empezaron a negociar el fin de los enfrentamientos.**

422. La revolución culminó con la elección de **Álvaro Obregón como presidente** en 1920.

423. El gobierno de Obregón buscó preservar los logros de la revolución, incluyendo las reformas agrarias consagradas en **la Constitución de 1917.**

424. **El gobierno de Obregón trajo estabilidad al país** y ayudó a catalizar la modernización de México.

425. **La revolución también vio la proliferación de sindicatos** que lucharon por mejorar las condiciones laborales y los salarios de los trabajadores.

426. **La revolución inspiró a una nueva generación de artistas**, escritores e intelectuales mexicanos, como Diego Rivera (1886-1957). Estos pensadores buscaron crear una nueva identidad mexicana.

427. **El «muralismo mexicano» se hizo popular en esta época,** y sigue siéndolo hoy en día. Muchos muralistas, tanto entonces como ahora, se preocupan por cuestiones de justicia social.

428. **El corrido** era **una forma popular de música.** Elogiaba a los héroes de la revolución y sus canciones ayudaban a difundir noticias importantes.

429. **El realismo revolucionario,** una forma única de literatura, nació de la revolución, documentando las luchas del pueblo mexicano.

430. **Surge el muralismo, una nueva forma de arte** que representa visualmente las luchas del pueblo mexicano.

431. **El liberalismo, el socialismo y el anarquismo fueron influencias importantes en la Revolución mexicana.**

432. **La Revolución mexicana** estimuló la industrialización del país debido a los esfuerzos del gobierno por modernizar la nación.

433. En parte debido al llamado al cambio en México durante la revolución, **la educación se hizo más accesible a la población,** y el gobierno buscó proporcionar oportunidades educativas a todos los ciudadanos.

434. **Los partidos políticos proliferaron, ya que el gobierno buscaba crear un sistema más democrático.**

435. Todos **los principales líderes revolucionarios fueron asesinados durante la guerra** o poco después, a veces por antiguos aliados.

436. **Más de dos millones de personas murieron durante la violencia del periodo revolucionario mexicano.**

437. **Los héroes de la revolución aún son venerados en México,** con sus imágenes presentes en espacios abiertos como parques y plazas.

438. **La Revolución mexicana atrajo a mercenarios extranjeros que se unieron a varias facciones en el conflicto.** En particular, el mercenario estadounidense de origen irlandés Ambrose Bierce luchó **junto a** las fuerzas de **Pancho Villa** durante un breve periodo. Bierce, escritor de renombre, desapareció en México en 1913 en circunstancias misteriosas.

439. **La Revolución Mexicana** fue testigo de la aplicación de tácticas de guerra no convencionales. Un ejemplo notable es el «**Tren de guerra zapatista**», un tren blindado móvil utilizado por las fuerzas de **Emiliano Zapata**. Este tren estaba equipado con artillería pesada y permitía desplazamientos rápidos y ataques por sorpresa contra las tropas federales.

440. **Muchas mujeres participaron como soldados, espías, enfermeras e incluso comandantes.** Algunos ejemplos notables son **Carmen Serdán**, que desempeñó un papel clave en **el levantamiento de Puebla,** y **Petra Herrera**, una hábil combatiente que luchó disfrazada de hombre.

La guerra cristera
(1926-1929)

Los cambios provocados en **la Iglesia durante la Revolución mexicana** desencadenaron una rebelión que sacudiría los cimientos del país. En este capítulo, aprenderá **cómo los rebeldes emplearon diversas tácticas contra las fuerzas del gobierno mexicano.** Además, descubra la respuesta a por qué se sublevaron los **cristeros.**

441. **Durante el régimen del presidente Plutarco Elías Calles, una facción de católicos mexicanos llamada cristeros estalló en rebelión, desencadenando la guerra cristera.**

442. Durante el levantamiento, **los cristeros** adoptaron el lema **de «Viva Cristo Rey».**

443. **La mayor parte de los combates y levantamientos tuvieron lugar cerca de Ciudad de México** y el centro del país, aunque el sur y la costa oriental de Baja California también se vieron afectados. El norte de México permaneció relativamente libre de violencia.

444. Tras **la Revolución mexicana,** las autoridades mexicanas intentaron eliminar la influencia del clero en el gobierno, especialmente en el gobierno local, aprobando leyes que restringían a los clérigos el ejercicio de cargos públicos.

445. **Los cristeros utilizaron una red de iglesias y sacerdotes clandestinos para continuar con sus servicios y rituales.**

446. **El gobierno de Calles intentó crear un gobierno laico en el que ninguna organización religiosa tuviera poder e influencia,** razón principal por la que comenzó el movimiento cristero.

447. En respuesta a los rebeldes, **el gobierno mexicano** desplegó su ejército para someter la revuelta.

448. **Los ricos terratenientes suministraron armas y provisiones a los rebeldes.**

449. **La Iglesia católica** ayudó a los cristeros con fondos y provisiones.

450. **Los cristeros realizaron emboscadas exitosas contra las tropas del gobierno.**

451. Se produjeron atrocidades en ambos bandos. Por ejemplo, un sacerdote llamado **José Reyes Vega** roció un vagón de **tren con gasolina y le prendió fuego** porque su hermano menor había sido asesinado. Murieron 51 civiles.

452. Para conseguir el apoyo de la población, **los cristeros celebraron mítines y protestas masivas.**

453. Potencias extranjeras, como **Estados Unidos y España**, **enviaron ayuda a diferentes bandos durante la guerra.**

454. **Los cristeros emplearon la propaganda para difundir su mensaje** y atraer al público.

455. Como símbolo de su causa, **los cristeros adoptaron una bandera roja con una cruz blanca.**

456. Para mantener sus operaciones en secreto, **los cristeros reclutaron espías femeninas** disfrazadas de vendedoras y viajeras para recabar información y contrabandear armas y municiones.

457. Muchos **católicos mexicanos**, así como algunos **no católicos, apoyaron a los cristeros y su causa.**

458. **El gobierno mexicano empleó varias tácticas para derrotar a los cristeros**, como la quema de pueblos y la ejecución de presuntos rebeldes.

459. **El gobierno mexicano recurrió a tácticas duras, como la tortura y las ejecuciones públicas**, para tratar de intimidar a los cristeros para que se rindieran.

460. **Para derrotar a los cristeros, el gobierno mexicano utilizó la aviación para bombardear sus bastiones.** Al parecer, los pilotos eran veteranos estadounidenses de la Primera Guerra Mundial.

461. **En 1929, los cristeros fueron derrotados por el gobierno mexicano.**

462. Como consecuencia de su derrota, **los líderes de la guerra cristera fueron encarcelados o ejecutados.**

463. **Al final, se estima que unas noventa mil personas perecieron en la guerra cristera.**

464. Tras la derrota de los cristeros, **el gobierno mexicano continuó vigilando a la Iglesia católica** para evitar que ejerciera poder político.

465. Aunque la mayoría de **los cristeros estaban motivados por razones religiosas**, muchos otros que se unieron a la rebelión eran campesinos más pobres y personas de origen mixto español e indígena. Estas personas lucharon por la reforma agraria, que llegó lentamente y sigue siendo un problema en el país.

La era del Partido Revolucionario Institucional
(1929-2000)

Durante más de siete décadas, **México vivió un periodo de gobierno autoritario bajo el** *Partido Revolucionario Institucional* **(PRI).** Durante esta época ocurrieron muchas cosas, como la monopolización de los medios de comunicación, la expansión económica y un alto grado de clientelismo y corrupción. ¡A continuación, nos sumergimos para descubrir más sobre este influyente periodo!

466. **Durante este prolongado periodo autoritario, el gobierno mexicano monopolizó los medios de comunicación,** que únicamente podían emitir mensajes aprobados.

467. **Se estableció una** formidable **maquinaria política basada en el clientelismo y los sobornos.**

468. **Se utilizó el clientelismo para asegurar la lealtad de los servidores públicos.**

469. Aunque se produjo una expansión económica a través de grandes industrias como el petróleo y el acero, la mayor parte de **la riqueza se asignó de forma desproporcionada a una pequeña élite.**

470. **El PRI mantuvo el control del poder durante más de siete décadas,** en parte mediante la manipulación electoral.

471. **Famosos por su opulencia, los líderes del PRI eran conocidos por llevar una vida de lujos y organizar celebraciones grandiosas.**

472. Durante este periodo, **México dependía en gran medida de la inversión externa y de los préstamos de Estados Unidos.**

473. **Durante el gobierno del PRI se formaron poderosos cárteles de droga.** Muchos funcionarios del PRI estaban «en la movida».

474. **La corrupción y el favoritismo dentro del gobierno quedaban impunes.**

475. El surgimiento del **movimiento obrero mexicano,** comprometido con la defensa de los derechos de los trabajadores y la justicia social, ocurrió durante esta era.

476. **Se introdujeron algunas reformas sociales y económicas para mejorar la calidad de vida de los mexicanos.**

477. **Se utilizó al ejército para reprimir a los opositores políticos.**

478. **Se llevaron a cabo reformas agrarias** para redistribuir la riqueza entre los ciudadanos más pobres, pero sus resultados fueron escasos. La corrupción también debilitó sus efectos.

479. **Se recurrió a la censura y la propaganda para controlar la opinión pública.**

480. **La Iglesia católica** resurgió como entidad poderosa.

481. **Sindicatos y partidos políticos buscaron eliminar el monopolio del PRI,** pero sus avances fueron lentos.

482. **La frontera mexicana se militarizó para disuadir la inmigración ilegal.**

483. Durante el gobierno del PRI se creó una poderosa agencia de inteligencia, la **Dirección Federal de Seguridad (DFS),** para vigilar a los grupos disidentes.

484. **Durante la era del PRI surgieron facciones políticas que pretendían desafiar el control del gobierno.**

485. **Los grupos de defensa de los derechos indígenas,** que se oponían a las políticas gubernamentales, ganaron fuerza durante esta época.

486. **Los intereses de empresarios muy influyentes afectaron la vida social, económica y política de México.** Las empresas se involucraron en corrupción, intimidación y soborno.

487. En la década de 1980, **los cárteles de la droga mexicanos** sirvieron como conductos para el enorme comercio de cocaína sudamericana.

488. **La mayoría de los altos cargos del PRI pertenecían a la minoría criolla o caucásica,** lo que añadió tensión étnica a la vida social y política mexicana.

489. **La tortura y los abusos de los derechos humanos contra los disidentes políticos era habitual.**

490. Aunque el gobierno mexicano se esforzó por mantener las distancias con las políticas estadounidenses en América Latina y a menudo se opuso a ellas, en ocasiones apoyó los esfuerzos de Estados Unidos en la región. Por ejemplo, **apoyó la invasión de Panamá liderada por Estados Unidos en 1989.**

491. **Los grupos de defensa de los derechos de la mujer desafiaron los roles tradicionales de género durante este periodo.** Estos grupos tardaron en lograr avances sustanciales.

492. Las organizaciones estudiantiles se opusieron a las políticas gubernamentales. Una protesta en particular, **la masacre de Tlatelolco**, marcó el inicio del lento declive del PRI.

493. **Las organizaciones ecologistas que luchaban por la protección del medio ambiente se fundaron** en esta era.

494. **Las organizaciones campesinas dedicadas a la mejora de las condiciones de vida de los mexicanos rurales se establecieron** durante este periodo, pero el gobierno del PRI fue conocido por el favoritismo hacia los ricos y poderosos.

495. Durante esta época, se empleó **el nacionalismo económico** para proteger la industria nacional.

496. **Se desarrollaron sindicatos comprometidos con la mejora de los salarios y las condiciones de trabajo**. La mayoría de ellos eran controlados en secreto por el gobierno.

497. **El fraude electoral fue un gran problema en el México del PRI,** lo que provocó la condena de Estados Unidos y otros países.

498. **En los años 70, la economía mexicana atravesó muchas crisis**, lo que redujo el nivel de vida de la mayoría de los mexicanos. El declive del PRI comenzó durante esta década.

499. **Se mantuvo una red clandestina de cárceles para detener a los disidentes políticos.**

500. Desde los años 60 hasta los 80, los gobiernos del PRI emprendieron lo que se denomina la **«guerra sucia mexicana»** contra todo aquel que se les opusiera. El principal objetivo eran los campesinos y otros reformistas a los que se creía influenciados por el comunismo.

Expropiación del petróleo mexicano
(1938)

Cuando el presidente Lázaro Cárdenas declaró la expropiación del petróleo mexicano, en 1938, generó una gran conmoción en la industria de producción de energía y las compañías petroleras extranjeras se opusieron con vehemencia. Sin dejarse intimidar por la reacción, **el gobierno mexicano prosiguió con la nacionalización de los recursos naturales** y se embarcó en la creación de una nación financieramente independiente. A continuación, se describe la controversia que generó tal decisión.

501. **En 1938, el gobierno mexicano causó conmoción en todo el mundo, especialmente en Estados Unidos, al nacionalizar la producción de petróleo y otros minerales en el país.**

502. **El gobierno mexicano** echó a muchas **compañías petroleras** extranjeras, en su mayoría **estadounidenses, que habían invertido millones en México.**

503. **El presidente Lázaro Cárdenas no se dejó intimidar por la reacción y continuó enérgicamente con la nacionalización de los recursos naturales**, lo que provocó boicots y sanciones económicas por parte de otros países.

504. La definición de expropiación es «**el acto de desposeer a un propietario, ya sea en su totalidad o en una medida limitada, de su propiedad o derechos de propiedad**». A pesar de la presión internacional, el gobierno mexicano siguió comprometido con la expropiación y se esforzó por crear una nación financieramente independiente.

505. **La expropiación petrolera mexicana de 1938 condujo a un aumento de la inversión extranjera**, ya que los países estaban deseosos de invertir en la industria petrolera recién nacionalizada.

506. Para asegurar la legalidad de la expropiación, **el gobierno mexicano tuvo que negociar acuerdos con las compañías petroleras extranjeras a las que desplazó**, lo que supuso una tarea larga y compleja.

507. Antes de que estallara la Segunda Guerra Mundial, **las negociaciones entre México y las compañías petroleras extranjeras** obligaron a México a compensarlas por su expropiación.

508. Para que la política tuviera éxito, **el gobierno invirtió** significativamente en la construcción y operación de oleoductos, refinerías, instalaciones de almacenamiento y la nueva compañía petrolera nacional, **Petróleos Mexicanos** (Pemex).

509. **La expropiación del petróleo fue un catalizador para el crecimiento económico y las exportaciones**, pero también dio lugar a críticas que aseguraban que el gobierno estaba despilfarrando los recursos de la nación y sacrificando la calidad del petróleo y el medio ambiente en pos de la cantidad de minerales.

510. Además, **la expropiación petrolera fue acusada de tener motivaciones políticas** y de exacerbar la desigualdad, lo que dio lugar al debate que la ha rodeado durante décadas.

511. Para que sus nuevas políticas energéticas alcanzaran todo su potencial, **el gobierno mexicano tuvo que hacer una gran inversión para el desarrollo y mantenimiento de la infraestructura recién construida**. Este dinero provino de otros programas, incluyendo la ayuda a las clases más bajas de México.

512. **A Estados Unidos le preocupaba que la nacionalización mexicana de la industria petrolera** fuera un primer paso hacia el socialismo o el comunismo.

513. En 1952, el gobierno mexicano encargó la estatua y la fuente llamada **la Fuente del Petróleo Mexicano,** que se erigió en un bulevar principal de la Ciudad de México.

514. Cuando se implementó esta política, **México fue testigo de un período de éxito económico y prosperidad**. Las exportaciones de petróleo se convirtieron en una fuente importante de ingresos para el país.

515. Aun así, **la industria petrolera estaba altamente regulada por el gobierno**, con cuotas de producción, precios e impuestos administrados por el Estado.

516. **El gobierno mexicano mantuvo bajos los precios de la gasolina en México,** lo que fue muy popular entre la población.

517. En 2022, **México ocupaba el duodécimo lugar en producción de petróleo**, bombeando 1.7 millones de barriles diarios.

518. El presidente de México durante la expropiación fue **Lázaro Cárdenas del Río**, quien estuvo en el cargo de 1934 a 1940.

519. **La expropiación de 1938 sigue siendo un momento icónico en la historia de México,** especialmente porque Estados Unidos estaba en contra e interfirió en la política mexicana para impedir o cambiar la política a través de boicots, sobornos y otras formas de intimidación.

520. **La expropiación petrolera también inició una ola de nacionalizaciones en México,** con el gobierno tomando el control de otras industrias, como la electricidad, las telecomunicaciones, los bancos y los ferrocarriles.

521. Inicialmente, **Estados Unidos, Gran Bretaña y Holanda boicotearon el resto de productos mexicanos como reacción a la pérdida de sus intereses**. El boicot terminó con negociaciones cuando comenzó la Segunda Guerra Mundial.

522. A **la nacionalización del petróleo** de 1938 se le atribuye el mérito de haber servido de chispa de inspiración a otros países de América Latina, dando lugar al surgimiento de políticas similares en otros países.

523. **A pesar de su éxito, la política de la expropiación petrolera** fue muy controvertida por algunos, que cuestionaban si el gobierno debía haber permitido que las empresas extranjeras continuaran realizando operaciones en el país.

524. **A la expropiación petrolera de 1938 se le atribuye el incremento de la riqueza nacional** y la reducción de la desigualdad.

525. Sus detractores sostienen que ahogó la competencia y creó una **industria petrolera estatal** ineficiente.

526. **La expropiación petrolera también aumentó el control gubernamental** del recurso más importante del país.

527. La política también fue acusada de generar que **el gobierno dependa demasiado de los ingresos del petróleo** en detrimento de otras áreas de la economía, lo que provocó el estancamiento económico y la dependencia de las exportaciones energéticas.

528. **El impacto medioambiental de la expropiación petrolera también fue objeto de críticas**, ya que se culpa a la producción y el desarrollo de esta industria de causar contaminación y destrucción de los recursos naturales.

529. Además, **muchos criticaron al PRI por la medida,** que consideraron eminentemente política. Se acusó al gobierno de utilizarla para ganar apoyo popular y consolidar su poder.

530. A pesar de sus éxitos, **la expropiación petrolera de 1938 fue ridiculizada por su falta de transparencia y por no beneficiar a la población**, y se convirtió en un recordatorio de que la nacionalización debe ser considerada y aplicada cuidadosamente.

Programa Bracero
(1942-1964)

El Programa Bracero, que comenzó como un esfuerzo por satisfacer las necesidades de mano de obra de los agricultores estadounidenses durante la Segunda Guerra Mundial, se convirtió rápidamente en una compleja red de violaciones de los derechos laborales, robo de salarios y trato injusto. El Programa Bracero tuvo un impacto a largo plazo en la economía, el mercado laboral y la demografía de México, lo que provocó la migración definitiva de millones de mexicanos a Estados Unidos. A continuación, echamos un vistazo a varios hechos importantes sobre este programa.

531. **El Programa Bracero fue una serie de acuerdos laborales bilaterales entre Estados Unidos y México.**

532. Contrario a la creencia popular, **el Programa Bracero** no fue originalmente pensado para ser un acuerdo a largo plazo.

533. **El Programa Bracero se estableció en 1942 para satisfacer las necesidades de mano de obra de los agricultores estadounidenses** que luchaban en la Segunda Guerra Mundial.

534. **Los ciudadanos mexicanos fueron reclutados para trabajar en los campos estadounidenses,** principalmente en California, Arizona y Texas.

535. **Los braceros debían firmar un contrato.**

536. **Se suponía que se les proporcionaba transporte, atención médica y vivienda,** aunque esto no siempre era así.

537. **Los contratos se redactaban en inglés y en español,** y las versiones en español solían contener menos derechos que las versiones en inglés. Por lo tanto, muchos trabajadores que no hablaban inglés no conocían sus verdaderos derechos en Estados Unidos.

538. **Las sanciones por incumplimiento de contrato incluían la deportación y multas.**

539. **Las deportaciones y las multas** también solían ser consecuencia de propietarios de granjas sin escrúpulos y/o racistas.

540. **Las brutales condiciones de trabajo, los bajos salarios y las viviendas inadecuadas** eran habituales para los braceros.

541. **El Programa Bracero terminó en 1964** y estuvo plagado de violaciones de los derechos laborales, entre otros problemas.

542. Según el Pew Research Center, **el Programa Bracero emitió más de 4.6 millones de contratos a trabajadores mexicanos** durante sus 22 años de vigencia.

543. **El gobierno estadounidense estimó que los braceros ganaban en promedio un dólar por hora,** por debajo del salario mínimo federal (que comenzó en 1938).

544. **Se calcula que entre 500 y 1.500 millones de dólares de los salarios de los braceros no se pagaron nunca.**

545. En 1998, se llegó a un acuerdo que permitió **pagar los salarios perdidos a muchos braceros sobreviviente**s. En 2019, todavía había treinta y seis mil braceros esperando el pago del dinero del acuerdo.

546. **El acuerdo solo se aplicaba a los braceros que vivían en Estados Unidos.**

547. En 2001, **varios ex braceros presentaron una demanda colectiva ante un tribunal federal contra los gobiernos de Estados Unidos y México**, tres bancos mexicanos y el Wells Fargo Bank. El juez federal desestimó la demanda en 2002, alegando prescripción e inmunidad soberana.

548. En algunos casos, **los braceros se vieron obligados a pagar comisiones** ilegales (sobornos) para contratar agentes que les aseguraban empleo.

549. Al finalizar el programa, **muchos braceros fueron deportados** y no pudieron acceder a los salarios que habían ganado.

550. **El Programa Bracero tuvo un impacto a largo plazo en la economía** y el mercado laboral mexicanos. Por ejemplo, México buscaba beneficiarse de que los braceros enviaran dinero a sus familiares. También esperaban que aprendieran nuevas técnicas agrícolas en Estados Unidos.

551. **El programa tuvo un impacto significativo en la demografía de la región fronteriza entre México y Estados Unidos.**

552. Se estima que **el Programa Bracero resultó en la migración permanente** de muchos mexicanos a Estados Unidos.

553. De acuerdo con el Instituto de Política Migratoria, **el Programa Bracero condujo a una disminución en el número de inmigrantes mexicanos no autorizados en Estados Unidos**, ya que proporcionó una forma legal y regulada para que los mexicanos entraran a Estados Unidos.

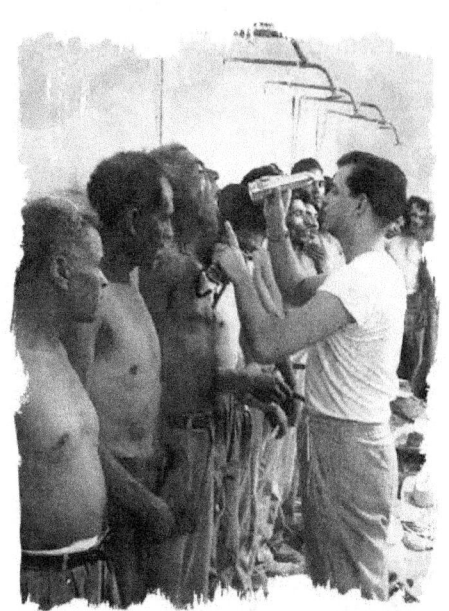

554. **Muchos trabajadores mexicanos llegaron a EE. UU. ilegalmente** para evitar los sobornos que a menudo eran necesarios para inscribirse en el programa en México.

555. **La terminación del programa, en 1964, condujo a una drástica disminución de los salarios y las condiciones de trabajo de los trabajadores agrícolas mexicanos en Estados Unidos.** Este fue uno de los principales problemas que dio lugar a la Unión de Campesinos de América, un sindicato que se fundó en la década de 1960.

556. **La finalización del Programa Bracero** tuvo un impacto limitado en el flujo de migrantes indocumentados que cruzaban la frontera entre Estados Unidos y México, ya que el número de no autorizados ya había disminuido antes de la finalización del programa, en 1964.

557. **El legado del Programa Bracero** sigue marcando el debate sobre las reformas de inmigración en Estados Unidos.

558. **Estados Unidos se quedó con el diez por ciento de la paga de los braceros para enviarla a México** y retenerla hasta que regresaran. Sin embargo, a la mayoría de ellos nunca se les devolvió el dinero.

559. **Muchos braceros fueron sometidos a pruebas de detección de enfermedades venéreas** cuando entraron en Estados Unidos, lo que la mayoría consideró denigrante en extremo.

560. Se atribuye al programa el haber forjado lazos culturales y **económicos más fuertes entre Estados Unidos y México.**

561. **El Programa Bracero propició la aparición de una nueva generación de familias mexicano-estadounidenses.**

562. **El programa también creó una nueva clase de inmigrantes legales** conocidos como extranjeros legales o no ciudadanos.

563. **El Programa Bracero tuvo un profundo impacto** en las vidas de millones de personas en Estados Unidos y México.

564. **El programa condujo a la creación de una extensa red de reclutadores, contratistas de mano de obra e intermediarios** que continúan operando en Estados Unidos y México en la actualidad.

565. **El Programa Bracero** amplió el alcance de la aplicación de las leyes de inmigración en Estados Unidos, lo que llevó al desarrollo de leyes más estrictas.

566. **El programa condujo al desarrollo de un nuevo tipo de inmigración autorizada por el empleador,** en virtud de la cual los empleadores podían contratar a trabajadores extranjeros con carácter temporal.

567. **El Programa Bracero** también tuvo un efecto en el idioma hablado en **la región fronteriza entre EE. UU. y México**, dando lugar a la aparición de un híbrido entre español e inglés.

568. En 1954, **se produjo en California** un importante conflicto laboral **conocido como la huelga de los Braceros**. Miles de braceros se declararon en huelga y protestaron contra los bajos salarios y el maltrato, exigiendo mejores condiciones y mayores salarios.

569. **El programa fue criticado por varias organizaciones de derechos civiles**, sindicatos y activistas que aseguraban que explotaba y marginaba a los trabajadores mexicanos y rebajaba los salarios y las oportunidades laborales de los trabajadores estadounidenses.

570. **El Programa Bracero finalizó oficialmente el 31 de diciembre de 1964,** tras años de controversia y críticas. Sin embargo, su legado sigue dando forma a los debates sobre inmigración, derechos laborales y la relación entre Estados Unidos y México.

Movimiento estudiantil de 1968

El 2 de octubre de 1968 se puso en marcha un acontecimiento significativo en la historia de México. **Un grupo de activistas estudiantiles organizó una manifestación de miles de personas de todas las clases sociales**. Estaban decididos a desafiar el régimen opresivo del gobierno mexicano y **a promover reformas sociales y económicas**. ¿Qué ocurrió durante esta **trascendental protesta**? Descubra qué les ocurrió a los estudiantes y por qué el movimiento se recuerda como un momento crucial en la **historia de México.**

571. **La protesta conocida como movimiento estudiantil mexicano o movimiento de 1968 fue planeada por un grupo de activistas estudiantiles.**

572. **En los meses previos a la marcha del 2 de octubre en Ciudad de México,** se llevaron a cabo reuniones clandestinas entre **estudiantes y maestros para planear la manifestación.**

573. **La marcha del 2 de octubre fue planeada para coincidir con el inicio de las olimpiadas de 1968 en la Ciudad de México** y atrajo la atención internacional.

574. **El movimiento estudiantil** fue visto como un catalizador de un movimiento más amplio de cambio social en el país.

575. **El movimiento estudiantil llevó a la formación del Consejo Nacional de Huelga**, una coalición de organizaciones estudiantiles, sindicales y campesinas.

576. **El acontecimiento fue provocado por la decisión del gobierno de aumentar las tasas y aplicar regulaciones más estrictas a las organizaciones estudiantiles.**

577. **Antes de la protesta, se distribuyeron panfletos por toda la Ciudad de México** para conseguir apoyo y dar a conocer la causa.

578. **El 2 de octubre de 1968 se realizó la protesta, con miles de estudiantes congregados en el Zócalo, la plaza principal de Ciudad de México,** que luego marcharon por el centro de la Ciudad de México.

579. **Otras manifestaciones tuvieron lugar al mismo tiempo en otras ciudades del país.**
580. **Se estima que medio millón de personas llenaron las calles** de Ciudad de México con motivo de las protestas.
581. **La respuesta del gobierno mexicano a las protestas** fue la mano dura, enviando al ejército para sofocar las manifestaciones y arrestar a los participantes.
582. **La protesta en la plaza de Tlatelolco, en Ciudad de México,** fue recibida con una feroz respuesta policial y militar.

583. **Más de setecientas personas murieron** y miles fueron detenidas durante y después de la protesta.
584. **La protesta consistió principalmente en estrategias pacíficas, incluyendo sentadas y marchas**, pero hubo violencia entre grupos rivales de estudiantes. El gobierno utilizó este hecho para respaldar una violenta represión, supuestamente contra la delincuencia y los comunistas.
585. **El gobierno censuró fuertemente las noticias**, impidiendo cualquier cobertura del acontecimiento. Aun así, se corrió la voz. A pesar de toda esta situación, los Juegos Olímpicos siguieron celebrándose en Ciudad de México.

586. **El gobierno mexicano utilizó medidas extremas,** como palizas, torturas y encarcelamientos para reprimir las protestas en todo el país, principalmente en Ciudad de México.

587. **La severa reacción del gobierno ante las protestas provocó la indignación pública,** pero el miedo al gobierno y a la policía hizo que mucha gente guardara silencio.
588. **A raíz de este movimiento, el gobierno aprobó leyes que aumentaron el poder del ejército y la policía en México.**
589. **El movimiento influyó en los Juegos Olímpicos de verano de 1968 en Ciudad de México,** ya que el gobierno impuso un toque de queda en toda la ciudad.

590. **Tras la protesta, algunos estudiantes fueron expulsados.** Otros fueron detenidos y encarcelados.

591. **Tras la protesta, muchos en México,** incluidos estudiantes de todo el país, exigieron la liberación de los detenidos el 2 de octubre. La mayoría de ellos fueron liberados.

592. **Las protestas de 1968 no produjeron cambios inmediatos en el gobierno mexicano,** pero el legado del 2 de octubre inspiró movimientos estudiantiles y cívicos posteriores que ayudaron a acabar con el control del PRI muchos años después.

593. **El movimiento estudiantil de 1968 inspiró otras protestas estudiantiles en todo el mundo** en un año en el que se produjeron protestas casi a diario sobre diversos temas, desde los derechos humanos hasta la guerra de Vietnam.

594. **En la historia de México, el movimiento tomó importancia como símbolo de resistencia al régimen opresor del gobierno.**

595. **Los jóvenes mexicanos se vieron fuertemente influenciados por los movimientos estudiantiles de Francia y Estados Unidos,** que estaban alcanzando su apogeo en esta época.

596. **El movimiento de Ciudad de México** de 1968 es considerado el primer movimiento estudiantil organizado en México.

597. **Aunque la protesta no logró sus objetivos políticos, el acontecimiento tuvo un impacto duradero en la sociedad mexicana,** ya que muchos de los participantes se convirtieron más tarde en figuras influyentes de la política y los negocios.

598. **Octavio Paz, escritor ganador del Premio Nobel y embajador en la India, fue uno de los muchos intelectuales mexicanos que apoyaron el movimiento estudiantil de 1968.**

599. El legado del movimiento sigue vigente hoy en día a través de organizaciones como **la Unión Nacional de Estudiantes.**

600. Uno de los resultados de las protestas fue el aumento de la conciencia pública sobre la necesidad de **un México más democrático,** que finalmente condujo a la formación de nuevos partidos y movimientos políticos.

Crisis de la deuda Mexicana
(1982-1988)

En 1982, la deuda externa de México aumentó drásticamente, desencadenando una crisis de proporciones extraordinarias. A continuación, se exploran las consecuencias de la crisis de la deuda mexicana y las medidas que tomó el gobierno para hacerle frente. Es posible que muchos de los siguientes datos lo sorprendan.

601. **En 1982, ¡la deuda externa de México aumentó dramáticamente de 80 mil a 107 mil millones de dólares!**

602. **Esta crisis fue exacerbada por el sobreendeudamiento,** la inflación creciente y el peso debilitado.

603. **El FMI y el Banco Mundial proporcionaron a México préstamos para evitar un desastre financiero absoluto.**

604. **El gobierno creó planes de austeridad para ayudar.** La reducción del gasto y el aumento de los impuestos fueron los principales componentes de estas medidas.

605. **La crisis de la deuda mexicana siguió en aumento y llegó a su punto más crítico en 1985** con una moratoria en el pago de la deuda externa y la introducción de un nuevo peso que valía la mitad del anterior, lo que solo aumentó la inflación.

606. **La reforma monetaria estabilizó inicialmente la economía**, pero provocó una drástica devaluación del peso en el mercado mundial.

607. **¡El peso se devaluó un asombroso 80 por ciento!**

608. **El presidente de México durante la crisis era Miguel de la Madrid.**

609. **En 1985, un gran terremoto sacudió el país, dañando aún más la economía.** El presidente era abucheado en casi todos los lugares a los que iba por su lenta respuesta a la crisis.

610. **Países como EE. UU. y Japón proporcionaron ayuda financiera a México durante la crisis.**

611. Esta crisis formó parte de la mayor crisis de la deuda latinoamericana, que afectó a muchos países durante la década de 1980.

612. **La respuesta de Estados Unidos fue tibia, principalmente porque México tenía un historial de impagos de la deuda.** Estados Unidos no quería comprometer fondos en una inversión potencialmente mala.

613. **La crisis provocó una fuga masiva de capitales de México** y la inversión extranjera en el país disminuyó casi un 90 por ciento entre 1982 y 1988.

614. **La crisis tuvo un efecto devastador en la economía mexicana,** provocando una disminución del crecimiento económico y de la inversión.

615. **También redujo el poder y la influencia del PRI** (Partido Revolucionario Institucional), al que se responsabilizó de la crisis.

616. Para hacer frente a la crisis, **el gobierno mexicano introdujo una serie de reformas**, como la liberalización de la economía y la privatización de muchas empresas estatales. Pemex, la mayor empresa de México, no se privatizaría.

617. Para reducir la carga de su deuda, **México también implementó la consolidación de la deuda y la reprogramación de pagos.**

618. **La sobrevaloración del peso dificultó las exportaciones mexicanas,** agravando la crisis.

619. **En 1988, México pudo renegociar su deuda y obtener nuevos préstamos** internacionales, superando finalmente la crisis.

620. **A pesar de la crisis, México mantuvo un balance comercial positivo,** con un aumento de las exportaciones del 35,5 por ciento entre 1982 y 1988.

621. En 1988, **México firmó un acuerdo con sus deudores externos** que le permitió reprogramar su deuda y reducir sus pagos en más del 70 por ciento.

622. En 1989, **México inició un programa de reducción de deuda** que le permitió disminuirla en 10 mil millones de dólares en cuatro años.

623. **La crisis tuvo un efecto duradero en la economía mexicana**, ya que el PIB del país cayó casi un 8 por ciento entre 1982 y 1988.

624. **La crisis también tuvo un efecto importante en las relaciones internacionales de México,** tensando la relación del país con EE. UU. y otros acreedores importantes.

625. A raíz de esta crisis, **México adoptó una postura más independiente de EE. UU.** y otros grandes acreedores.

626. **Durante esta crisis se produjeron protestas masivas y huelgas en México.** Mucha gente creyó que se acercaba el final del gobierno del PRI, aunque tuvieron que pasar otros veinte años para que el partido perdiera completamente el control del gobierno federal.

627. Para mejorar la gestión fiscal, **el gobierno mexicano adoptó reformas fiscales como la ley de responsabilidad fiscal** que, entre otras cosas, exigía un presupuesto nacional equilibrado. Esto no sucedió, al menos no de la manera en que la ley lo había planeado.

628. **La crisis trajo consigo cambios significativos en el sector financiero mexicano,** haciéndolo más competitivo y eficiente.

629. **También tuvo un impacto negativo en el balance de pagos del país,** provocando un déficit de cuenta en 1986.

630. En 1989, **México y Estados Unidos hablaban de un acuerdo de libre comercio para estabilizar la economía mexicana** y reducir la inmigración ilegal a Estados Unidos.

Movimiento de revitalización cultural
(1980-actualidad)

Desde la década de 1980, **México ha experimentado una revitalización cultural, un movimiento que ha sido abrazado por el presidente actual, López Obrador**. Con una inversión de más de 1.600 millones de dólares, **este movimiento pretende preservar y promover las lenguas, culturas y tradiciones indígenas de México**. Hasta ahora, los esfuerzos han dado lugar a enormes cambios en la cultura mexicana. A continuación, se presentan algunos datos para conocer más sobre estos cambios.

631. **El movimiento de revitalización cultural de México comenzó en la década de 1980.**

632. El objetivo principal de este movimiento es **preservar y promover las lenguas, culturas y tradiciones indígenas** del país después de siglos de abandono o supresión.

633. Hoy en día, **más de veintitrés millones de personas en México se identifican como indígenas**. Es decir, ¡casi el 20 por ciento de la población!

634. **La fundación del Instituto Nacional de Lenguas Indígenas** (INALI), en 2003, ha contribuido en gran medida a crear un sentimiento de nacionalismo y unidad en México.

635. **La Secretaría de Cultura de México** se fundó en 1988 como Consejo Nacional para la Cultura y las Artes con el fin de promover y proteger el arte y los museos mexicanos.

636. En los últimos años del siglo XX, las obras de **artistas mexicanos como Diego Rivera** (1886-1957) y **Frida Kahlo** (1907-1954) atrajeron la atención internacional.

637. **La revitalización cultural ha llevado a la creación de más de cien radios comunitarias en todo el país.** Estas emisoras se dedican a transmitir en las numerosas lenguas indígenas de México.

638. **México cuenta actualmente con más de doce millones de hablantes de lenguas indígenas**, la mayoría de los cuales habla *náhuatl*, la lengua de los aztecas (a veces

conocidos como mexicas), que dominaron el centro de México durante la época precolombina.

639. **El español es la lengua oficial del gobierno mexicano.** Sin embargo, se reconocen otras sesenta y ocho lenguas, sesenta y tres de las cuales son lenguas indígenas.

640. **El Plan Nacional de Lenguas** creado por **el gobierno mexicano** implementó varias iniciativas para proteger y promover las **lenguas indígenas** del país.

641. **El movimiento también fomenta el desarrollo de materiales educativos en lenguas indígenas,** incluyendo libros de texto, diccionarios y materiales audiovisuales.

642. **El movimiento ha visto el renacimiento de prácticas culturales tradicionales como el juego de pelota maya,** que fue prohibido por los españoles en el siglo XVI. Los **recreadores y entusiastas a menudo practican un juego** muy similar al que jugaban los antiguos mayas.

643. **El movimiento también ha visto surgir nuevas formas culturales,** como el rap y el hip-hop, que se interpretan en lenguas indígenas y en la lengua mayoritaria, el español.

644. También ha dado lugar a la creación de numerosas organizaciones dirigidas por indígenas, como **el Congreso Nacional Indígena y la Comisión Nacional para el Desarrollo de los Pueblos Indígenas.**

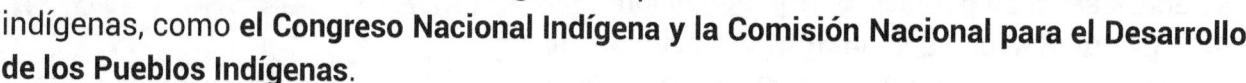

645. **El movimiento llevó gradualmente a un aumento de la participación política de los indígenas,** con la elección de varios representantes indígenas en cargos municipales y estatales y un número menor en cargos federales.

646. Varias películas de éxito, como *Roma* (dirigida por **Alfonso Cuarón**), exploran **las luchas de los indígenas en México.**

647. En los últimos años, numerosos museos y centros culturales se han dedicado a preservar el patrimonio indígena del país, como es el caso **del Centro Cultural Wixárika de Jalisco.**

648. **También se ha producido un renacimiento de artesanías tradicionales como el tejido, la alfarería y la talla de madera,** que se venden en mercados y galerías de todo el mundo.

649. **Los movimientos indígenas no siempre han sido pacíficos. Un ejemplo de ello es el Ejército Zapatista de Liberación Nacional**, que se dedica a preservar los derechos de los indígenas.

650. **Los zapatistas, una organización de izquierda, llevan librando una guerra de guerrillas contra el gobierno mexicano desde 1994**. Buscan el control indígena sobre los recursos locales, especialmente la tierra.

651. **El movimiento también ha visto el renacimiento de formas musicales tradicionales, como el mariachi y el son jarocho,** que ahora se interpretan en espacios públicos de todo el país.

652. El movimiento dio lugar a la creación de numerosos festivales y eventos, como el **Festival de la Primavera Indígena, que celebra las culturas indígenas.**

653. Obras literarias, como **las novelas de Elena Poniatowska** (quien fue herida en la Masacre de Tlatelolco), exploran la vida de los indígenas en México.

654. El movimiento vio la creación de **la Red Nacional de Mujeres Indígenas**, dedicada a defender los derechos de las mujeres.

655. También ha surgido una nueva generación de cineastas. Personas como **Natalia Beristáin** se dedican a contar las historias de **los indígenas en México**.

656. Se han creado numerosas escuelas controladas por indígenas, como **la Escuela de la Tierra,** que se dedican a **enseñar a los alumnos varias lenguas indígenas**.

657. México también ha visto surgir nuevos movimientos políticos, como **el Movimiento por los Derechos Indígenas**, que se dedica a proteger los derechos de los pueblos indígenas.

658. El movimiento influyó en las políticas educativas, lo que llevó a la inclusión de la historia y la cultura indígenas en los programas escolares. **Se realizaron esfuerzos para promover la diversidad cultural y el respeto a los sistemas de conocimiento indígena** dentro de las instituciones educativas.

659. **Las artes y artesanías indígenas tradicionales experimentaron un resurgimiento durante el movimiento de revitalización cultural.** Artistas y artesanos buscaron revivir técnicas y motivos tradicionales, creando un mercado para las obras de arte indígena dentro de México y a nivel internacional.

660. **Las danzas y la música indígena se revitalizaron y se incorporaron a celebraciones públicas y eventos culturales.** Las ceremonias tradicionales, como **el Día de los Muertos** y otros **rituales prehispánico**s, volvieron a ganar popularidad y se convirtieron en **elementos importantes de la identidad cultural mexicana**.

Terremoto de Ciudad de México
(1985)

En 1985, un terremoto de magnitud 8.0 sacudió Ciudad de México. El gigantesco temblor causó un gran número de muertos y miles de millones de dólares en destrucción, y sembró el miedo en los corazones de los habitantes de la ciudad. **Conozca cómo esta terrible tragedia afectó a la economía mundial y cómo México se reconstruyó** sobre los escombros después de este acontecimiento que cambió la historia.

661. El **19 de septiembre de 1985,** un evento sísmico de magnitud sin precedentes, estimado en **8.0, causó estragos en la Ciudad de México.**

662. **El terremoto causó entre cinco mil y diez mil muertos.**

663. **El terremoto causó una destrucción estimada en 5 mil millones de dólares.**

664. **El epicentro del terremoto** se situó casi trescientos kilómetros al suroeste de la ciudad.

665. **Las reverberaciones del temblor se extendieron por el océano Pacífico.**

666. La gran densidad de población en **la capital** y las construcciones inadecuadas contribuyeron al número de víctimas mortales.

667. **En la ciudad, casi cuatro mil estructuras resultaron destruidas o gravemente dañadas.**

668. La fuerza del sismo fue tal que **se sintió en lugares tan lejanos como Houston y Los Ángeles.**

669. **Tras el seísmo principal, se sintieron numerosas réplicas,** algunas de las cuales llegaron a los 7.0 grados.

670. **El desastre tuvo ramificaciones en otras ciudades mexicanas,** como Guadalajara, Monterrey y Puebla.

671. **En la capital, muchas estructuras gubernamentales fueron total o parcialmente demolidas.**

672. **El terremoto causó graves daños** al sistema de transporte público de la **Ciudad de México.**

673. En la parte norte de la ciudad, **dos enormes complejos de apartamentos se destruyeron casi por completo.**

674. En total, **Ciudad de México perdió 30.000 viviendas**, lo que produjo que un gran número de personas se quedara sin hogar.

675. Los cálculos sugieren que **más de veinte mil personas resultaron heridas** a causa del terremoto.

676. En algunas partes de Ciudad de México, **el apagón duró varios días**.

677. Inicialmente, cerca de **dos mil soldados y milicianos fueron enviados a las calles** de la ciudad para evitar saqueos y buscar víctimas.

678. **Varias ruinas aztecas resultaron dañadas por el temblor.**

679. **En el barrio de San Ángel**, la actividad sísmica provocó un gran incendio que causó seiscientos heridos.

680. En respuesta, **el gobierno de la ciudad creó un fondo de ayuda para las víctimas del terremoto.**

681. **Tras la catástrofe se registraron numerosas** fugas de gas y explosiones.

682. **La rotura de varias tuberías importantes provocó graves daños medioambientales.**

683. A raíz de la catástrofe, **el gobierno mexicano proclamó el estado de emergencia.**

684. **El temblor provocó el desplazamiento de más de 100.000 personas.**

685. Los desprendimientos de tierra provocados por **el sismo obstruyeron las carreteras** y causaron más destrucción.

686. **La reconstrucción se ralentizó debido a la corrupción generalizada en el gobierno y** las empresas.

687. Como resultado de **la lenta respuesta del gobierno al terremoto, muchas personas formaron organizaciones cívicas**, algunas de las cuales dieron lugar al origen de nuevos partidos políticos.

688. **Los temblores fueron tan fuertes** en algunas partes de la Ciudad de México, que provocaron que el suelo se hundiera hasta un metro.

689. Para ayudar a la reconstrucción, **el gobierno mexicano destinó 4.000 millones de dólares en ayuda financiera,** aunque el PRI fue muy criticado por la lentitud de su respuesta y su negativa inicial a aceptar ayuda extranjera, lo que podría haber ahorrado cientos de vidas.

690. **La ayuda exterior llegó solo** cuando el gobierno admitió que no podía encargarse de los esfuerzos de rescate y reconstrucción. **Estados Unidos e Israel prestaron gran ayuda.**

691. Muchos de **los hospitales de la ciudad sufrieron daños irreparables** debido al terremoto, lo que provocó la pérdida de cientos de vidas.

692. **El terremoto tuvo un impacto económico significativo;** se estima que la economía mundial se vio afectada en alrededor de 6.000 millones de dólares.

693. **Las ondas sísmicas del terremoto** fueron visibles en los sismógrafos de Washington D.C.

694. Tras la catástrofe, **el gobierno mexicano declaró tres días de luto nacional.**

695. **El terremoto fue el resultado** de la subducción de la placa Cocos bajo la placa de Norteamérica a lo largo de la Fosa de América Central.

696. Tras el sismo, **más de treinta mil personas quedaron en la indigencia.**

697. **El sismo provocó que el nivel del agua** del lago principal de la ciudad, Texcoco, **bajara más de un metro.**

698. En algunos lugares cercanos a la Ciudad de México, **la tierra tembló durante más de cinco minutos.** Este es un tiempo extraordinariamente largo para un terremoto.

699. **Los temblores provocaron varios deslizamientos de tierra,** lo que provocó el derrumbe de varias laderas de montañas y colinas.

700. **Exactamente treinta y siete años después, el 19 de septiembre de 2022, una serie de terremotos sacudieron nuevamente Ciudad de México.** Aunque solo hubo dos muertos, muchos edificios resultaron dañados. Muchas personas que habían vivido el terremoto de 1985 pensaron que se avecinaba otro «grande».

Tratado de Libre Comercio de América del Norte (TLCAN)
(1994)

El **Tratado de Libre Comercio de América del Norte** (TLCAN) se firmó en 1992 y se implementó dos años después. **El objetivo del acuerdo era reducir las barreras comerciales entre los países,** y sin duda se consiguió. Sin embargo, **el TLCAN también ha sido señalado de provocar el desplazamiento de trabajadores** en determinadas industrias y vulnerar los derechos laborales y las normas ecológicas. A continuación, se analiza este acuerdo histórico.

701. Cuando se firmó **el Tratado de Libre Comercio de América del Norte** (TLCAN) en 1992, **era el mayor acuerdo de libre comercio del mundo**.

702. **En el TLCAN participaron Canadá, EE. UU. y México.**

703. **El acuerdo incluía** disposiciones sobre normativa medioambiental y laboral.

704. El objetivo principal del TLCAN era **disminuir los aranceles y otros impedimentos al comercio entre los países.**

705. Posteriormente, **el comercio entre las tres naciones** se disparó a más de 1.2 billones de dólares en 2018, cuando era de 297 mil millones de dólares en 1993.

706. **En México y Canadá, se atribuye al TLCAN el mérito de promover la productividad,** la creación de empleo y el aumento de los salarios, lo que permitió mejorar el nivel de vida.

707. **El tratado suprimió la mayoría de los impuestos sobre los bienes comercializados entre los países** y puso fin a las barreras no arancelarias, como las cuotas.

708. **El acuerdo también estableció métodos para resolver las disputas** entre los países firmantes.

709. Además, **el TLCAN creó el Banco de Desarrollo de América del Norte,** que concede subvenciones y préstamos para proyectos de desarrollo económico y social en México y Estados Unidos.

710. **El TLCAN ha sido acusado de provocar el desplazamiento de trabajadores** en determinadas industrias y por infringir los derechos laborales nacionales individuales y las normativas ecológicas.

711. **Debido a la estructura del TLCAN**, que tardó años en negociarse y aprobarse, hay muy pocas formas de hacer cumplir los acuerdos del tratado.

712. A pesar de ello, se atribuye al **TLCAN el mérito de sacar a México del estancamiento económico y a muchos mexicanos de la pobreza**, de crear millones de empleos en Estados Unidos, México y Canadá, y de disminuir el coste de los bienes de consumo en los tres países.

713. El acuerdo también dio origen a **la Cumbre de Líderes de América del Norte**, que se reúne anualmente para tratar asuntos económicos y de seguridad. La prensa suele referirse a esta reunión de los líderes de México, EE. UU. y Canadá como la **«Cumbre de los tres amigos»**.

714. **El TLCAN contribuyó a mejorar las relaciones entre EE. UU. y México.**

715. **El TLCAN fue el primer tratado de libre comercio que incluyó un mecanismo de resolución** de disputas, permitiendo a los países firmantes resolver sus desacuerdos sin acudir a los tribunales.

716. También se le atribuyó **la reducción de la pobreza y la desigualdad en México y el aumento de la calidad de los bienes producidos** en las tres naciones.

717. **Fue criticado por su falta de disposiciones para la protección de los derechos de propiedad intelectual y los derechos laborales.**

718. Aunque **la creación del TLCAN** a menudo se atribuye al **presidente Bill Clinton**, las negociaciones comenzaron durante la administración Reagan.

719. **El TLCAN trajo consigo una mayor eficiencia y ahorro** en la producción de muchos bienes, como los automóviles.

720. **También se le atribuye la reducción de los costos de las inversiones transfronterizas.**

721. Se dice que el acuerdo contribuyó a reducir la dependencia de México de las exportaciones de petróleo y a hacer al país más competitivo en los sectores manufacturero y de servicios.

722. Al TLCAN se le atribuye la mejora del acceso a los mercados de los tres países y la reducción de la corrupción en algunas partes de la economía mexicana.

723. También niveló las condiciones de competencia entre las pequeñas y medianas empresas de los tres países.

724. Se cree que el acuerdo contribuyó a crear un mercado energético más unificado en América del Norte, lo que se traduce en una mayor eficiencia y ahorro.

725. Las pequeñas explotaciones agrícolas mexicanas se beneficiaron más del TLCAN que las grandes. La agricultura era popular entre muchos de los pueblos indígenas del país.

726. El TLCAN fue el primer acuerdo de libre comercio que incluyó disposiciones para la protección de los derechos de propiedad intelectual.

727. Una vez implementado el TLCAN, **la inversión extranjera directa en México aumentó** enormemente.

728. El tratado ha sido responsable de la creación de más de catorce millones de empleos en los tres países juntos.

729. El TLCAN se convirtió en la manzana de la discordia en las elecciones presidenciales estadounidenses de 1994. El candidato republicano **Bob Dole** y el independiente **Ross Perot** afirmaban que el TLCAN terminaba con más empleos de los que creaba en EE. UU. Esto fue cierto en la industria de los automóviles.

730. La mayoría de los economistas moderados y progresistas coinciden en que **el TLCAN fue positivo para Estados Unidos, México y Canadá.**

731. Un aspecto positivo para México fue que, a pesar de algunos altibajos, **el TLCAN ayudó a los sectores agrícolas y cárnicos.**

732. Los cambios en las ganancias han provocado un cambio fundamental en la dieta de los mexicanos. Con una mayor renta per cápita, la dieta mexicana ha empezado a incluir más carne de vacuno y menos verduras.

733. **La clase media en México creció** desde la implementación del TLCAN.

734. Con una excepción durante **la Gran Recesión de 2008/09**, el desempleo en México ha tendido a la baja desde la aprobación del TLCAN.

735. En 2018, **el TLCAN fue renegociado y sustituido por el Acuerdo Estados Unidos-México-Canadá** (USMCA), que comenzó a regir en 2020.

Formación del Partido de la Revolución Democrática (PRD)
(1989)

Desde su creación en 1989, **el Partido de la Revolución Democrática (PRD) ha sido una fuerza importante en la política mexicana**. A continuación, se presentan datos para conocer la trayectoria de **Cuauhtémoc Cárdenas** y cómo marcó el inicio de un periodo de agitación política sin precedentes en México. **Veamos cómo el PRD ha sido una voz importante en la lucha de México** por la democracia, la libertad y la justicia social.

736. **El PRD fue fundado en 1989 por Cuauhtémoc Cárdenas, hijo del ex presidente Lázaro Cárdenas (1934-1940),** y otros intelectuales y activistas de izquierda.

737. **El partido se creó por la falta de opciones electorales en México** y pretendía representar una «tercera opción» frente **al gobernante Partido Revolucionario** Institucional (PRI) y el derechista **Partido Acción Nacional** (PAN).

738. **El PRD, que incluía a varios antiguos miembros del PRI,** fue el primer partido que desafió el dominio del PRI en la política mexicana durante décadas.

739. **Entre los fundadores del PRD se encontraban** académicos, intelectuales y activistas como **Ricardo Lagos, Marcela Lombardo y Emilio Álvarez Icaza.**

740. **La plataforma política del partido** se basó en los valores de la democracia, la libertad y la justicia social.

741. **Cárdenas fue el líder del PRD** y fue electo jefe de gobierno del Distrito Federal, una posición poderosa que le dio al PRD una gran plataforma de propaganda.

742. **Cárdenas fue elegido senador en 1976** y gobernador del estado de Michoacán en 1980.

743. **En 1997, el PRD tuvo el segundo mayor porcentaje de escaños en la Cámara de Diputados,** lo que representó un avance notable, considerando que el PRI había emprendido una campaña de intimidación, violencia y asesinatos contra el PRD.

744. El ascenso del PRD al poder condujo a un periodo de intensa agitación política en México, ya que se produjo una intensa batalla por el control del gobierno. Muchos perredistas fueron encarcelados, asesinados o «desaparecidos».

745. Durante esta época, el PRD abogó por reformas electorales, incluyendo la introducción de la representación proporcional, la abolición del sistema de distritos uninominales y la introducción de elecciones presidenciales directas.

746. La influencia del PRD disminuyó a principios de la década de 2000, ya que estaba cada vez más dividido y era incapaz de acordar una estrategia unificada.

747. Varios funcionarios del PRD fueron descubiertos recibiendo sobornos.

748. En 2006, el candidato del PRD, **Andrés Manuel López Obrador**, perdió por un estrecho margen las elecciones presidenciales frente a **Felipe Calderón, del PAN**.

749. En 2012, el PRD volvió a respaldar a López Obrador, pero perdió las elecciones ante un PRI que resurgía «cambiado» y cuyo candidato era Enrique Peña Nieto.

750. El PRD tuvo éxito a nivel local, ganando numerosas alcaldías y elecciones estatales en Ciudad de México y los estados de Michoacán, Chiapas, Puebla y Veracruz.

751. Aunque **la influencia del PRD disminuyó a principios de la década de 2000**, fue fundamental para crear un cambio en el panorama político mexicano al ofrecer a la población una alternativa razonable al PRI.

752. El PRD es miembro de la Internacional Socialista y tiene estrechos vínculos con el Partido Mexicano de los Trabajadores, el Partido Verde Ecologista de México y otras organizaciones políticas de izquierda.

753. El PRD fue uno de los primeros partidos políticos mexicanos en apoyar la legalización del matrimonio entre personas del mismo sexo y otras políticas progresistas en materia social.

754. El PRD se ha enfrentado a numerosos desafíos legales a lo largo de los años, incluyendo acusaciones de fraude electoral y malversación de fondos públicos.

755. **Los miembros del PRD también han sido acusados de corrupción** y participación en el crimen organizado.

756. **El partido ha sido acusado de utilizar el clientelismo** para construir su base política, particularmente en el estado de Michoacán.

757. **La corrupción y las irregularidades financieras han disminuido la popularidad del PRD en los últimos años.**

758. **El PRD mantiene estrechos vínculos con sindicatos y otros movimientos sociales.** Aboga activamente por la mejora de los derechos laborales de los trabajadores mexicanos.

759. En los últimos años, **el PRD ha sido criticado por su percibida falta de democracia interna**, con líderes del partido acusados de sofocar el debate y restringir la participación de los miembros de base.

760. **El partido ha sido acusado de estar alineado con el presidente López Obrador** (elegido en 2018), que se escindió del PRD y creó **el partido Morena** en 2018. Los críticos afirman que el partido se ha vuelto demasiado «presidencialista» en su enfoque político. En otras palabras, creen que hay demasiado poder en el ejecutivo.

761. **El éxito del PRD ha inspirado la formación de otros partidos en México,** como **el Movimiento Ciudadano, el Partido Morena y el Partido Encuentro Social**.

762. Desde 2020, el PRD ha formado parte de una coalición multipartidista en México llamada **«Va por México»**.

763. **El partido ha tomado medidas para mejorar su organización interna**, introduciendo nuevas normas y reglamentos para garantizar una mayor transparencia y rendición de cuentas.

764. Recientemente, **el PRD se ha mostrado activo en el ámbito internacional**, abogando por los derechos de los indígenas y participando en conferencias internacionales.

765. **El PRD ha sido una fuerza importante** durante más de tres décadas y sigue influyendo enormemente en la política mexicana.

Levantamiento Zapatista
(1994)

La mañana del 1 de enero de 1994, el **Subcomandante Marcos**, conocido por muchos de sus seguidores como **el ángel enmascarado de la revuelta**, se convirtió en el «rostro» del **Levantamiento zapatista**. A continuación, echamos un vistazo a este movimiento revolucionario y a las marcas indelebles que ha dejado en el mundo.

766. **El subcomandante Marcos se convirtió en el «rostro» del levantamiento zapatista.** Marcos había sido un brillante estudiante y profesor de filosofía y letras en la Universidad Autónoma Metropolitana en los años ochenta antes de adoptar la política revolucionaria y trasladarse a Chiapas en 1984.

767. **El levantamiento zapatista comenzó el mismo día en que se firmó el Tratado de Libre Comercio de América del Norte.**

768. **El levantamiento zapatista es un movimiento de lucha contra la explotación de los indígenas en México,** especialmente en las zonas rurales de Chiapas.

769. **El levantamiento zapatista** fue una de las primeras revueltas políticas cubiertas por Internet.

770. En 1994, **los zapatistas convocaron un levantamiento armado contra el gobierno mexicano**, pero no obtuvieron el apoyo nacional que esperaban.

771. **El día de la protesta atacaron centros cívicos**, liberaron presos indígenas y destruyeron escrituras de tierras.

772. **La policía y el ejército fueron enviados para sofocar el levantamiento**. Murieron unas trescientas personas.

773. **Los zapatistas hicieron su «guerra» en los medios de comunicación** y de boca en boca, contando al mundo los abusos y la discriminación que sufrían **los indígenas en Chiapas** y en todo México.

774. **Aunque el levantamiento zapatista no logró sus objetivos**, otros grupos indígenas de América Latina se inspiraron en él.

775. Personajes conocidos como **el director Michael Moore** y el filósofo y científico **Noam Chomsky** prestaron su apoyo al levantamiento zapatista.

776. **El levantamiento zapatista jugó un papel importante en el surgimiento del movimiento «antiglobalización».**

777. Películas, libros y otros medios de comunicación han relatado **el levantamiento zapatista**, como la película *Zapatista* estrenada en 1999.

778. **El movimiento recibió su nombre en honor a Emiliano Zapata,** uno de los líderes de la revolución de 1910.

779. **Los zapatistas pedían una reforma agraria y menos globalización**, que consideraban causante de una mayor pobreza en Chiapas y entre muchos grupos indígenas de América Latina.

780. Hoy en día, **zonas de Chiapas son reconocidas**, aunque sea extraoficialmente, como partes autónomas de México.

781. **El levantamiento zapatista logró atraer la atención internacional** sobre los problemas de los indígenas en México.

782. **El verdadero nombre del subcomandante Marcos es Rafael Sebastián Guillén Vicente,** y casi treinta años después del inicio del levantamiento sigue siendo una figura prominente en Chiapas.

783. **Existen varios partidos políticos que reflejan muchas de las creencias fundamentales de los zapatistas.**

784. **Los zapatistas** obtuvieron un gran apoyo en el extranjero.

785. Aunque **los zapatistas** no lograron sus objetivos inmediatos, el fracaso del gobierno mexicano para detenerlos evidenció que el PRI no era tan fuerte como antes.

786. Se cree que **el levantamiento zapatista** dio origen a comunidades indígenas autónomas en México.

787. **Al levantamiento zapatista se le atribuye la inspiración de la Red Intercontinental de Pueblos y Naciones Indígenas.**

788. Antes del levantamiento, **los zapatistas organizaron un grupo de mujeres** que redactaron lo que se conoce como **la Ley Revolucionaria de las Mujeres Zapatistas**, que ayudó a la participación de las mujeres en el movimiento y a la obtención de la igualdad de género en la toma de decisiones.

789. En 1997, **cuarenta y cinco miembros de un grupo religioso asociado con los zapatistas fueron masacrados por un grupo paramilitar de derecha en Acteal, un pequeño pueblo de Chiapas.**

790. En 2020, **el gobierno mexicano hizo pública información que vinculaba a la Secretaría de Gobernación,** un organismo gubernamental, con la masacre.

Migración a Estados Unidos
(desde la década de 1970 hasta la actualidad)

Durante décadas, la afluencia de migrantes mexicanos a Estados Unidos ha sido fuente de controversia y complejidad política. Conozca cómo ha afectado a Estados Unidos y México la afluencia de **migrantes mexicanos y de otros países latinoamericanos** que cruzan la frontera. Descubra cómo **la administración Trump intensificó los esfuerzos** de aplicación de la ley de inmigración y explore algunos hechos sobre la **migración mexicana** bajo la administración Biden.

791. **En la década de 1970, el número estimado de migrantes mexicanos que se trasladaban anualmente a Estados Unidos superaba el millón,** aunque la mayoría de esas personas regresaban a México o viajaban constantemente entre ambos países, en su mayoría ilegalmente.

792. **En la década de 1970, los inmigrantes mexicanos fueron a menudo excluidos de los programas gubernamentales** destinados a ayudar a otros grupos de inmigrantes.

793. **La mayoría de los trabajadores migrantes mexicanos** en Estados Unidos **se dedicaron a la agricultura, la construcción y los servicios**.

794. En la década de 1970, **la mayoría de los inmigrantes mexicanos que vivía en Estados Unidos eran hombres jóvenes** en busca de oportunidades de trabajo.

795. En la década de 1990, **más de la mitad de los inmigrantes mexicanos en Estados Unidos eran menores de veinticinco años.**

796. El número de **inmigrantes mexicanos en Estados Unidos** experimentó un crecimiento en las décadas de 1980 y 1990, alcanzando más de siete millones en el año 2000.

797. En 2017, el número total de **inmigrantes mexicanos en Estados Unidos** había crecido hasta cerca de 10.5 millones.

798. La estimación de inmigrantes **mexicanos indocumentados en Estados Unidos supera los diez millones anuales desde el año 2000**. Esta cifra incluye a los inmigrantes que se convierten en residentes permanentes o semipermanentes y a los que migran constantemente entre ambos países.

799. Desde el año 2000, el número de **inmigrantes mexicanos en Estados Unidos** ha crecido a un ritmo menor que el de otros grupos de inmigrantes procedentes de América Latina.

800. En la década de 2010, **Estados Unidos experimentó una disminución de inmigrantes mexicanos** por primera vez desde la década de 1970.

801. De 2011 a 2017, el número de **inmigrantes mexicanos en Estados Unidos disminuyó** un 8.4 por ciento.

802. **Actualmente, la mayoría de los migrantes que llegan a Estados Unidos desde América Latina no son mexicanos,** pero utilizan territorio mexicano para llegar a las costas estadounidenses, lo que representa un problema para ambos gobiernos.

803. **En 2015, los mexicanos representaban alrededor del 55 por ciento de la población inmigrante ilegal en EE. UU**. En ese año, había alrededor de doce millones de inmigrantes ilegales.

804. El número de **inmigrantes mexicanos expulsados de Estados Unidos** en 2017 fue la cantidad más alta desde 2012.

805. **La administración Trump** buscó frenar la **inmigración** legal **desde México** a través de la implementación de la política de permanecer en México.

806. **La promesa de campaña de Donald Trump de hacer que México pagara por su famoso muro** en la frontera fue recibida con burla y hostilidad en México.

807. Desde 2020, **el gobierno estadounidense** trata de reducir el número de solicitantes de asilo procedentes de México.

808. En 2021, **la administración Biden instituyó políticas destinadas a proteger los derechos de los inmigrantes mexicanos en Estados Unidos.**

809. **En 2021, Estados Unidos observó una expansión sustancial en el número de inmigrantes mexicanos que ingresaron al país,** con un cálculo de 100.000 entre enero y

marzo. Una de las razones fue la necesidad de trabajadores en Estados Unidos durante la pandemia de 2020.

810. En 2021, **la administración Biden se propuso ampliar la inmigración legal para los mexicanos** y reunificar a las familias separadas por la deportación.

811. A pesar de que **el muro fronterizo entre Estados Unidos y México** cuenta con lo último en tecnología de vallado y vigilancia, sigue siendo violado regularmente por delincuentes y migrantes. El muro no se extiende a lo largo de toda la frontera.

812. **Hasta enero de 2020, el muro había costado más de once mil millones de dólares**, y la mayor parte de lo planeado no se construyó. La administración Biden detuvo la construcción del muro, diciendo que era costoso e ineficaz.

813. **El muro fronterizo está dividido en tres secciones con diferentes tipos de barreras. La primera sección es una barrera física** hecha de postes de acero de entre ocho y treinta pies de altura. **La segunda sección es un muro virtual** formado por sensores, cámaras y sistemas de radar. **La tercera sección es una «valla virtual»** que utiliza drones, helicópteros y otras aeronaves para vigilar la frontera.

814. **La construcción del muro encuentra una importante oposición por parte de grupos de nativos americanos y ecologistas.**

815. **El muro ha causado importantes trastornos económicos en las ciudades fronterizas,** como la reducción del turismo y la alteración de los métodos agrícolas tradicionales.

816. **El gobierno de EE. UU. ha utilizado la expropiación forzosa para arrebatar tierras a particulares** para la construcción del muro.

817. **El muro ha provocado una tensión social considerable**, ya que divide a las familias y las comunidades a lo largo de la frontera.

818. Aunque **el muro no ha reducido significativamente el número de inmigrantes procedentes de América Latina**, ha cambiado la forma en que muchas personas cruzan la frontera, incluyendo algunos métodos muy peligrosos.

819. **El muro ha sido una fuente de tensión política entre EE. UU. y México**, ya que este último acusa al primero de violar su soberanía.

820. Además de enfrentar discriminación en EE. UU., **los inmigrantes de América Latina y México son regularmente abusados y aprovechados por los cárteles de la droga y los «coyotes»**, personas especializadas en vencer a las patrullas fronterizas de EE. UU. a cambio de un alto precio.

Etapa del Partido Acción Nacional (PAN)
(2000-2012)

La etapa del PAN (Partido Acción Nacional) fue un periodo de transformación en México, ya que el país experimentó avances sin precedentes en tecnología, comercio y mejoras en el nivel de vida. La infraestructura también experimentó una inversión masiva, lo que dio lugar a una amplia variedad de nuevos programas nacionales. **No es de extrañar que la era panista sea recordada como un periodo de enorme progreso e innovación para México.**

821. **En el 2000, el panista Vicente Fox fue el primer presidente no priista elegido en setenta años.**

822. **La economía de México creció** en promedio 3 por ciento anual durante la era panista.

823. **Durante la etapa panista, México comenzó a utilizar tecnología biométrica** para emitir tarjetas de identificación nacional para frenar el crimen, el contrabando de drogas, el terrorismo y la inmigración ilegal.

824. **Durante el panismo, México firmó tratados de libre comercio muy beneficiosos con Estados Unidos, Canadá y otros países.**

825. **El 2001, Vicente Fox propuso el Plan Puebla Panamá**, una estrategia conjunta con otros países centroamericanos para dotar de nuevas supercarreteras a las costas del Pacífico y del Golfo, así como otras mejoras y acuerdos políticos.

826. **El PAN supervisó la finalización del Ferrocarril Transístmico de Tehuantepec, que conecta las costas del Pacífico y el Atlántico en México.** El ferrocarril se conoce hoy como Ferrocarril Transístmico.

827. **La Cumbre del G20, una importante reunión de las mayores economías del mundo, fue organizada por México en 2012 durante la administración de Enrique Peña Nieto.**

828. **Bajo el panismo, México avanzó significativamente** en la reducción de la pobreza.

829. **El partido cree en una interferencia mínima del gobierno en la empresa privada**, lo que preocupa a quienes creen que la corrupción sigue siendo moneda corriente en el país.

830. **A pesar de su popularidad personal, Vicente Fox** tuvo dificultades para gobernar porque fue elegido cuando el **PAN solo tenía la minoría de escaños en el Congreso.**

831. **Con el PAN, México puso en marcha el Programa para el Fortalecimiento de los Gobiernos Locales**, dando mayor autonomía a los municipios del país.

832. Durante la era panista, **muchos mexicanos comenzaron a formar grupos de protección al medio ambiente.**

833. Como consecuencia del movimiento **zapatista, el PAN impulsó y patrocinó a varios grupos indígenas.**

834. Durante **el panismo, México avanzó en la modernización del sector energético**, desarrollando fuentes de energía renovables y reduciendo la dependencia de los combustibles fósiles.

835. **A pesar de la oposición del PAN, el aborto se legalizó en México en el 2000.**

836. **Durante la era panista, México logró avances significativos en la lucha contra el narcotráfico y el crimen organizado,** pero aún queda mucho trabajo por hacer.

837. **Desde que perdió el poder en 2012, el PAN ha estado plagado de luchas internas entre diversas facciones.**

838. **Hoy en día hay dos facciones principales dentro del PAN**: los moderados y los conservadores.

839. Algunos mexicanos se sienten incómodos con **la estrecha relación entre el PAN y la Iglesia católica en México.**

840. **Los presidentes mexicanos tienen un mandato de seis años.** En las elecciones presidenciales de 2018, el PAN quedó en un lejano segundo lugar frente al **partido Morena,** y **López Obrador se convirtió en presidente.**

Elección de Andrés Manuel López Obrador (AMLO)
(2018)

Andrés Manuel López Obrador, comúnmente conocido como AMLO, representa una fuerza significativa en la política mexicana en los últimos años. Desde sus primeros años en el movimiento estudiantil hasta su victoriosa campaña y elección a la presidencia de México en 2018, **AMLO ha sido un dedicado defensor del bienestar social, la democracia y la lucha contra la corrupción**. Es el líder de muchas primicias durante su mandato como presidente. Veamos cómo ha llevado éxito a su país.

841. **Andrés Manuel López Obrador,** comúnmente conocido como **AMLO**, nació en 1953 en el estado mexicano de Tabasco.

842. **Es el menor de siete hermanos y creció en el pequeño pueblo de Macuspana.**

843. **Participó activamente en política desde la década de 1970.**

844. **AMLO ocupó cargos locales, estatales y federales** antes de convertirse en presidente.

845. Fue miembro fundador del **Partido Demócrata Mexicano** (ya desaparecido) y ha participado en numerosas campañas políticas.

846. **De 2000 a 2005, fue jefe de gobierno (alcalde) de la Ciudad de México.**

847. Como **alcalde de la Ciudad de México**, puso en marcha una serie de proyectos de bienestar social, incluido **el transporte público gratuito para estudiantes y personas de la tercera edad.**

848. A principios de la década de 2000, **AMLO se hizo vegetariano.**

849. **No consume alcohol**; ha sido sincero sobre su aversión a la bebida.

850. Después de postularse sin éxito a la presidencia en dos ocasiones (2006 y 2012), **fue elegido en 2018 con una ventaja aplastante.**

851. **Fue el primer presidente desde 1988 en ganar por mayoría absoluta.** ¡Ganó en treinta y uno de los treinta y dos estados de México!

852. **Es conocido por su postura anticorrupción.**

853. **AMLO es el primer presidente de Morena**, un partido político de izquierda que fue fundado en 2012 y se centra en el avance del bienestar social y la promoción de la democracia.

854. **Es el primer presidente en la historia de México que no proviene de los dos partidos principales; durante décadas**, el PRI y el PAN mantuvieron el monopolio de la presidencia mexicana.

855. **AMLO es el primer presidente de izquierda en México en más de setenta años**. El último fue Lázaro Cárdenas, quien estuvo en el cargo de 1934 a 1940.

856. **La administración de AMLO se enfoca en proveer programas de bienestar social.** Busca reducir la desigualdad y aumentar el acceso a servicios como salud, educación y vivienda.

857. **Ha instituido muchas políticas y medidas para aumentar la transparencia y rendición de cuentas de su gobierno**, aunque la implementación de la nueva política de transparencia ha sido criticada por no ser «lo suficientemente transparente».

858. **Su administración ha puesto en marcha una serie de iniciativas para aumentar los salarios y reducir la desigualdad educativa**, como el aumento del salario mínimo y la gratuidad de la matrícula en las universidades públicas.

859. **Ha puesto en marcha un programa de pensiones universales para las personas mayores,** proporcionando una pensión básica a todas las personas mayores de sesenta y cinco años, independientemente de si estaban empleadas formalmente o no.

860. **Ha reducido los salarios de los altos cargos públicos** y ha establecido topes salariales para estos puestos.

861. **Ha pedido una moratoria de las prospecciones petrolíferas en el golfo de México**, posicionándose en contra de las perforaciones petrolíferas indiscriminadas.

862. **Redujo las exenciones fiscales para los ricos y añadió un impuesto a los artículos de lujo.**

863. **AMLO aumentó los subsidios para los pequeños agricultores y las comunidades rurales,** tratando de reducir la pobreza en las zonas rurales mediante la concesión de subvenciones a los pequeños agricultores perjudicados por el TLCAN.

864. **Se ha centrado en mejorar la infraestructura en todo México**, incluyendo nuevos presupuestos para la construcción de nuevas carreteras, puentes y sistemas de transporte público.

865. **Su administración ha sido defensora de las fuentes de energía renovables** y ha fomentado el desarrollo de la energía solar y eólica.

866. **Puso en marcha una serie de iniciativas para reducir la pobreza mediante subsidios a la alimentación, la vivienda y la educación.**

867. Aumentó **la atención prestada a la protección del medio ambiente en México**, tomando medidas para reducir la contaminación, conservar el agua y proteger las especies en peligro de extinción.

868. **Ha intentado reducir el poder de los cárteles de la droga en México,** adoptando una postura dura contra el crimen organizado e implementando medidas para combatir el narcotráfico, pero es una dura batalla que continúa hoy en día.

869. **AMLO ha aumentado el gasto público en sanidad** y ha creado políticas para reducir el costo de los medicamentos recetados.

870. **López Obrador ha reducido los impuestos sobre las rentas medias y bajas** para reducir la desigualdad.

871. **El acceso a agua potable y saneamiento**, especialmente en zonas rurales, ha sido una prioridad.

872. **Ha buscado aumentar el acceso a Internet y a la tecnología para todos los mexicanos.**

873. **Tiene en su agenda un mayor acceso a la justicia y a los servicios legales** para todos los mexicanos.

874. **Intenta proteger el patrimonio cultural y la identidad de México**, aumentando la financiación para programas e iniciativas culturales. También ha tomado medidas para preservar las lenguas y tradiciones indígenas.

875. Desde que llegó a la presidencia, **AMLO se centró más en los asuntos internos que en las relaciones exteriores.**

Guerra contra las drogas
(2006-presente)

La guerra de México contra el narcotráfico es un conflicto envuelto en violencia y tragedia. Para combatir la expansión del crimen organizado, **el gobierno mexicano ha tomado muchas medidas**, como se ve a continuación. Dado que esta situación también afecta a **Estados Unidos**, es importante ver cómo ese **país ha prestado un gran apoyo al gobierno mexicano** y ha extraditado a cientos de narcotraficantes para su procesamiento. Mientras *la guerra contra las drogas continúa*, veamos cómo México confía cada vez más en la tecnología de vanguardia para poner fin a este conflicto.

876. **Las guerras del narcotráfico en México** han provocado la muerte de más de setenta mil personas desde los años ochenta, quizá más.

877. **Este conflicto es exacerbado por la corrupción; cientos de policías y políticos han sido detenidos o condenados por su implicación en el narcotráfico.**

878. **Estados Unidos ofrece apoyo financiero, logístico y de inteligencia al gobierno mexicano** en su lucha contra el crimen organizado. Cientos de narcotraficantes han sido extraditados a EE. UU. para ser procesados.

879. **El Cártel de Sinaloa y El Cártel de Jalisco Nueva Generación** son dos de los cárteles de la droga más poderosos activos en México en la actualidad.

880. **Cientos de miles de soldados y policías mexicanos han librado una guerra contra las drogas** y los cárteles en las últimas décadas.

881. Además de la cocaína y otras drogas, **México lucha contra la importación, producción y tráfico del mortal fentanilo.**

882. El uso de **seguridad privada para proteger a empresas** y personas adineradas de la violencia de **las guerras del narcotráfico es algo habitual en México.**

883. A pesar del esfuerzo masivo del gobierno mexicano para poner fin a las guerras de la droga, **México se ha encontrado con críticas generalizadas por su incapacidad para reducir el poder de los cárteles de la droga** y el aumento vertiginoso de la violencia.

884. **Las desapariciones han aumentado considerablemente en los últimos años** y se cree que muchas de ellas están relacionadas con el crimen organizado y el narcotráfico.

885. El gobierno mexicano ha tratado de reforzar la seguridad fronteriza y aumentar el número de operaciones de interdicción de drogas.

886. En 2008, **el presidente mexicano Felipe Calderón declaró la «guerra contra las drogas»** y lanzó una campaña nacional contra los cárteles.

887. **En 2011, Estados Unidos y México firmaron una declaración conjunta para luchar contra el narcotráfico** y el crimen organizado.

888. **La armada de México desempeña un papel integral en la guerra contra las drogas**, llevando a cabo varias operaciones de alto perfil contra los narcotraficantes.

889. **México ha establecido varias fuerzas policiales especializadas para combatir el narcotráfico y el crimen organizado**. Estas unidades han sido elegidas y entrenadas cuidadosamente para detectar actividades corruptas, pero ningún programa es perfecto.

890. **El gobierno mexicano lanzó una nueva estrategia para combatir el narcotráfico** en 2012, haciendo hincapié en la reducción de la violencia, el aumento de la información, el intercambio de inteligencia y el fortalecimiento de la cooperación internacional.

891. En 2014, **Estados Unidos y México firmaron un nuevo acuerdo de seguridad fronteriza** que incluía un mayor intercambio de información y una mayor seguridad a lo largo de la frontera.

892. En 2015, **México lanzó una nueva campaña para combatir el narcotráfico**, priorizando la prevención de la violencia y la protección de los derechos humanos.

893. **En 2016, México emprendió una nueva estrategia antidrogas** centrada en la prevención, la aplicación de la ley y los programas de desarrollo alternativo.

894. En 2021, **México legalizó el uso recreativo de la marihuana**, en parte para liberar a la policía para la lucha contra otras drogas.

895. **El gobierno mexicano ha puesto en marcha una serie de programas sociales** para reducir la pobreza y mejorar la seguridad pública en las zonas afectadas por el narcotráfico.

896. **México ha adoptado una postura dura contra los narcotraficantes,** que incluye la confiscación de bienes y la extradición de sospechosos a Estados Unidos.

897. Al igual que la DEA (*Drug Enforcement Agency*) en EE. UU., las autoridades **mexicanas han creado unidades especiales** para investigar el lavado de dinero y los delitos financieros relacionados con el narcotráfico.

898. En 2017, **el gobierno mexicano lanzó una nueva estrategia centrada en la desarticulación de las redes de suministro de drogas**, la mejora del intercambio de inteligencia y el aumento de la cooperación internacional.

899. **El gobierno mexicano ha tomado medidas para reducir la demanda de drogas** como el lanzamiento de campañas de sensibilización y la implementación de programas de salud pública.

900. **México también ha buscado fortalecer la ley y reducir la impunidad mediante el enjuiciamiento de narcotraficantes de alto nivel.**

901. **México ha desplegado fuerzas militares para proteger varios proyectos de infraestructura clave,** como los oleoductos, de las actividades del narcotráfico.

902. **Las bandas de narcotraficantes controlan muchas ciudades,** especialmente cerca de la frontera con Estados Unidos, y utilizan el dinero del tráfico de drogas para expandir su influencia a otras actividades económicas. Algunas de estas otras actividades son legales, pero la mayoría son ilegales.

903. **México ha tratado de aumentar la confianza pública** en el estado de derecho mediante la creación de una agencia de supervisión policial independiente y el lanzamiento de un esfuerzo de reformas anticorrupción.

904. **Muchos narcotraficantes han sido extraditados a EE. UU.,** no solo por la presión estadounidense, sino también por las afectaciones que ha sufrido **el poder judicial mexicano en materia de corrupción e intimidación por parte de los cárteles**.

905. **Las autoridades mexicanas recurren cada vez más a la tecnología para combatir el narcotráfico,** usando drones, *software* de reconocimiento facial y sistemas de identificación biométrica.

Aumento de la violencia de las bandas criminales
(2010 - actualidad)

El alarmante aumento de la violencia relacionada con las pandillas, un problema que está afectando a gran parte del mundo, ha golpeado duramente a México. Aunque este tema es difícil de tratar, es importante entender cómo esta violencia perturba la vida cotidiana. Aunque **el gobierno mexicano ha respondido con iniciativas**, los expertos creen que se debe hacer más para **frenar las causas profundas de la violencia**. A continuación, se mencionan algunos de los hechos importantes que rodean esta **alarmante tendencia y los esfuerzos destinados a diezmarla**.

906. Desde 2005, **México ha experimentado periodos de crecimiento alarmante y descensos solo ocasionales en su tasa de homicidios**. En 2020, la tasa de homicidios rondaba las veintiocho personas de cada mil, el doble que en Estados Unidos en el mismo año.

907. **El gobierno mexicano estima que actualmente hay más de 100.000 miembros de bandas de narcotraficantes en México** y muchas más personas involucradas en otras actividades delictivas.

908. **La mayoría de esos pandilleros son menores de veinticinco años.**

909. **El narcotráfico es la principal fuente de ingresos de las pandillas en México,** estimándose que el tráfico de drogas genera entre 19.000 y 29.000 millones de dólares anuales.

910. **Las dos bandas más grandes de México son el Cártel de Sinaloa y el Cártel de Juárez,** ambas concentradas en el tráfico de drogas.

911. Otras bandas **son el Cártel del Golfo, el Cártel de Tijuana, los Caballeros Templarios y los Zetas,** aunque algunas de ellas ya no están activas.

912. **Los miembros de las bandas utilizan armas cada vez más mortíferas,** como **AK-47** y **granadas,** para llevar a cabo sus actividades.

913. **La violencia entre bandas se ha vuelto tan grave que algunas ciudades mexicanas están entre las más peligrosas del mundo.**

914. **Las ciudades fronterizas de Tijuana, Ciudad Juárez y Nuevo Laredo son especialmente afectadas por la violencia entre bandas.**

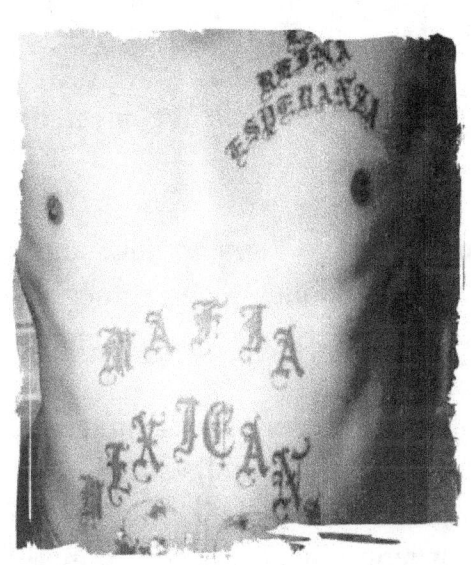

915. **El gobierno mexicano ha respondido a la creciente violencia desplegando al ejército** para ayudar a las fuerzas policiales locales.

916. **El gobierno ha puesto en marcha una serie de programas sociales** para tratar de abordar las causas profundas de la violencia entre bandas.

917. **El gobierno también ha intentado combatir a las bandas ofreciendo recompensas por información** que conduzca a la detención de sus líderes.

918. **El gobierno de EE. UU. ha ayudado a México en la lucha contra las bandas,** proporcionando formación, equipamiento e inteligencia a la policía y el ejército mexicanos.

919. **Recientemente, el gobierno mexicano empezó a recopilar datos sobre homicidios relacionados con bandas,** pero los datos son incompletos y a menudo poco fiables. No toda la violencia de las pandillas es pública. Gran parte ocurre en silencio y la mayoría de los testigos son amenazados y obligados a guardar silencio.

920. **La falta de datos fiables sobre la violencia de las bandas dificulta la medición de la eficacia de los esfuerzos del gobierno para combatirla.**

921. **La corrupción es otro problema importante en México,** ya que las bandas a menudo utilizan el soborno y la intimidación para evitar ser procesadas.

922. **La debilidad del sistema de justicia mexicano es otro factor** que permite a las bandas operar con impunidad.

923. **La pobreza y la desigualdad son los principales factores** que impulsan el crecimiento de las pandillas en México.

924. **Las bandas explotan la falta de oportunidades económicas en los distritos** más pobres **de México** y utilizan la violencia para controlar los mercados locales.

925. **La violencia de las bandas mexicanas ha tenido un impacto devastador en la economía del país**. Algunas estimaciones sugieren que el costo de esta violencia podría ascender a 50.000 millones de dólares al año.

926. **Las bandas también han sido vinculadas a la proliferación de armas**, ya que a menudo utilizan la violencia para adquirir y proteger armas ilegales.

927. **La violencia provoca un aumento dramático en el número de personas que huyen del país**, con más de 600.000 abandonando México solo en 2017.

928. **La violencia entre bandas tiene un impacto devastador en el sistema educativo de México,** ya que muchos maestros y estudiantes huyen del país o se ven obligados a no asistir a la escuela por temor a la violencia.

929. **Las pandillas han sido vinculadas a la trata de mujeres y niños,** ya que a menudo los utilizan como esclavos sexuales o para el contrabando de drogas.

930. **Las bandas también han sido vinculadas a la minería ilegal de oro y otros minerales,** ya que a menudo utilizan la violencia y la intimidación para controlar las operaciones mineras en zonas remotas del país. En los últimos años, ha surgido la preocupación de que estén tomando el control de la industria maderera y pesquera.

931. **Muchos temen que, si la violencia continúa, el gobierno mexicano se radicalice** y se verifique el resurgimiento de los «escuadrones de la muerte» de derecha, que formaron parte de la escena política mexicana en la década de 1970.

932. **Recientemente, el gobierno puso en marcha una serie de medidas destinadas a hacer frente a la violencia de las bandas,** entre ellas la creación de un Consejo Nacional de Seguridad y un nuevo programa antipandillas.

933. **El gobierno implementó una serie de medidas para mejorar el funcionamiento del sistema de justicia**, que incluye la creación de una nueva fuerza de policía federal y el establecimiento de una unidad especializada antipandillas.

934. **Se ha encomendado a unidades anticorrupción de alto secreto** la tarea de erradicar el soborno y la intimidación por parte de los cárteles de la droga dentro del sistema judicial y otras partes del gobierno.

935. Muchas bandas mexicanas tienen miembros que operan en Estados Unidos y México.

El deporte en México

México ha producido un notable número de íconos deportivos que han dejado una huella indeleble en la escena mundial. **Desde los campos de fútbol hasta los de golf, desde los cuadriláteros de boxeo hasta las canchas de raquetbol,** estos extraordinarios individuos han cautivado los corazones de los aficionados ejemplificando la garra, el talento y la determinación que definen la destreza **deportiva mexicana.**

En esta sección, nos adentramos en **el fascinante mundo de los deportistas mexicanos,** descubriendo treinta y dos hechos únicos que muestran sus notables logros, contribuciones y legados perdurables.

936. **Hugo Sánchez, conocido como «Hugol», es el único futbolista mexicano** que ha ganado **el trofeo «Pichichi» como máximo goleador de la Liga.**

937. **El futbolista Cuauhtémoc Blanco** es conocido por su habilidad en el regate y su peculiar estilo de juego.

938. **Ana Gabriela Guevara ganó la medalla de plata** en los 400 metros planos en los Juegos Olímpicos de Atenas 2004.

939. **Julio César Chávez es uno de los más grandes boxeadores** de la historia.

940. **Raúl González es uno de los jugadores españoles más goleadores** de la historia de la Liga.

941. **La taekwondista María Espinoza** ganó la medalla de oro en los Juegos Olímpicos de 2008.

942. **El futbolista Rafael Márquez** capitaneó a la selección mexicana en cinco Mundiales y disfrutó de una exitosa carrera en Europa.

943. **Fernando Valenzuela, lanzador de béisbol mexicano,** cosechó grandes éxitos en las Grandes Ligas de Estados Unidos. Logró la rara hazaña de ganar tanto el Premio Cy Young como el Premio al Novato del Año en la misma temporada, en 1981.

944. **El portero de fútbol Jorge Campos** revolucionó la posición con su estilo de juego colorido e innovador.

945. **Germán Villa Castañeda** estuvo en dos selecciones mexicanas mundialistas y es considerado **uno de los mejores futbolistas mexicanos** de los últimos años.

946. **El tapatío Saúl «Canelo» Álvarez** es el mejor, o **uno de los mejores boxeadores del mundo** en los últimos años. Hoy es una superestrella en México.

947. **Paola Espinosa** ganó múltiples medallas olímpicas y es considerada **una de las mejores clavadistas de México**. Representó a México en tres Juegos Olímpicos: 2004, 2008 y 2012.

948. **Javier «Chicharito» Hernández, popular delantero de fútbol,** representó a México en múltiples Mundiales y alcanzó el éxito en ligas europeas y americanas. En el verano de 2023 sufrió una aparatosa lesión de rodilla que puede ser el fin de su carrera.

949. En los Juegos Olímpicos de Sidney 2000, **Soraya Jiménez, levantadora de pesas,** se convirtió en la primera atleta mexicana en ganar una medalla de oro.

950. **El portero de fútbol Antonio Carbajal** ostenta el récord de ser el único jugador que ha participado en cinco Mundiales consecutivos (1950-1966). Carbajal falleció en 2023 a la edad de noventa y tres años.

951. **Joaquín Capilla, clavadista, ganó cuatro medallas olímpicas,** incluida una de oro, en los Juegos Olímpicos de Melbourne 1956.

952. **Salvador Sánchez, célebre boxeador,** ostentó el campeonato del CMB (Consejo Mundial de Boxeo) de peso pluma y tuvo un formidable palmarés boxístico. Murió en un accidente de tráfico a los 24 años, en 1982.

953. **Ana María Torres, boxeadora profesional,** se convirtió en campeona del mundo en la división de peso supermosca e inspiró a muchas boxeadoras de México.

954. **Sául Hernández obtuvo el primer puesto en la carrera de 1.500 metros en silla de ruedas** en los Juegos Olímpicos del 2000. Ganó seis medallas en los Juegos Paralímpicos durante su carrera, que duró de 1988 a 2008.

955. **El clavadista Fernando Platas ganó la medalla de plata en los Juegos Olímpicos de 2000** y representó a México en cuatro Juegos Olímpicos consecutivos.

956. **El entrenador de fútbol Salvador Reyes** llevó a la selección mexicana a la victoria en la Copa Confederaciones de la FIFA en 1999.

957. **Juan Manuel Márquez, sensación del boxeo**, logró múltiples campeonatos mundiales y protagonizó emocionantes combates contra la leyenda del boxeo filipino Manny Pacquiao.

958. **México es conocido por las corridas de toros**. Es uno de los pocos países que aún permiten lidiar toros de la forma tradicional, en la que los toros son alzados para morir por la espada de un matador.

959. **Salvador Cabañas, delantero de fútbol,** triunfó tanto en México como en el extranjero y desempeñó un papel fundamental en la selección nacional de Paraguay.

960. **La mediofondista Ana Fidelia Quirot** ganó numerosas medallas y batió récords en competiciones internacionales.

961. **Sergio «Checo» Pérez, piloto de Fórmula 1,** logró múltiples podios y se convirtió en el primer mexicano en ganar un Gran Premio.

962. **La reconocida golfista Lorena Ochoa** ocupó por más de tres años el primer lugar en el ranking mundial de Golf femenino.

963. **La boxeadora Mariana Juárez ganó múltiples títulos mundiales en la división de peso mosca** y fue conocida por su tenacidad en el cuadrilátero.

964. **El judoka Nabor Castillo fue el primer mexicano en ganar una medalla en un Grand Prix Mundial de Judo.**

965. **Ricardo del Real, atleta de taekwondo,** ganó el Campeonato Mundial de Taekwondo en 1997.

966. **Marco Antonio Barrera es un boxeador retirado** que ostentó el título mundial en tres categorías y que disputó algunos de los grandes combates de principios del siglo XXI.

967. **El portero de fútbol José Salvador Carmona** jugó un papel clave en el éxito de México en la Copa Confederaciones de la FIFA de 1999.

Actores, músicos y celebridades mexicanas

En esta sección conocerá a treinta y tres de **los actores, cantantes y músicos mexicanos más famosos.** Al igual que Estados Unidos, **México tiene una cultura de celebridades** y los periódicos y las redes sociales publican historias sobre ellos a diario. **Cada nombre de esta lista representa una historia de talento, pasión y dedicación**, y sus contribuciones han enriquecido el panorama artístico mexicano e internacional. **Desde actores galardonados y cineastas visionarios hasta músicos de éxito y artistas influyentes,** esta recopilación celebra la diversidad y la creatividad que **México aporta** a la escena mundial.

968. **El actor y productor Gael García Bernal** es conocido en todo el mundo. Comenzó su carrera como actor infantil y recientemente cofundó la productora Canana Films.

969. **El director Diego Luna realizó la película** *César Chávez*, **aclamada por la crítica,** que trata sobre las luchas del famoso líder sindical mexicano-estadounidense. También es conocido por aparecer como Cassian Andor en el universo de *Star Wars*.

970. **Alfonso Cuarón ganó dos veces el Oscar a mejor director por** *Gravity* (2013) y *Roma* (2018).

971. Produciendo éxitos desde la década de 1960, **Carlos Santana es conocido por su sonido de guitarra característico llamado «sonido Santana»** y está en el Salón de la Fama del Rock and Roll.

972. **La popular cantante Thalía es conocida como la Reina del Pop Latino** y ha vendido cincuenta millones de discos en todo el mundo.

973. **Eugenio Derbez es uno de los cómicos mexicanos con más éxito** y ha aparecido en varias películas de Hollywood.

974. **La artista e ícono de la cultura pop Frida Kahlo** fue conocida por sus autorretratos únicos y es considerada una de las más grandes artistas de la historia de México.

975. **Alejandro González Iñárritu fue el primer cineasta mexicano** nominado a un Oscar como director y productor. También ganó el Oscar a la mejor película y al mejor guion.

976. **Vicente Fernández fue un legendario cantante** y actor **mexicano de música ranchera conocido como el rey de las rancheras**. Su canción más famosa es «Guadalajara».

977. **Pedro Infante es uno de los más grandes actores y cantantes** de la época de oro del cine mexicano (1936-1959).

978. **Al cantante Luis Miguel se le suele llamar el sol de México** y es uno de los artistas latinoamericanos de más éxito de todos los tiempos. Nació en Puerto Rico, pero ha vivido la mayor parte de su vida en México.

979. **Kate del Castillo** ganó fama internacional por su papel de **Teresa Mendoza** en la exitosa **serie de televisión** *La Reina del Sur*.

980. **Ricardo Montalbán interpretó al icónico personaje del Sr. Roarke** en la serie de televisión *La Isla de la Fantasía*. También interpretó a Khan en *Star Trek II: La ira de Khan*.

981. **Ana de la Reguera protagonizó la aclamada película** *Nacho Libre* junto a **Jack Black**. También ha protagonizado telenovelas y programas de HBO.

982. **Juan Gabriel fue un prolífico cantautor** y es considerado uno de los más grandes músicos mexicanos de todos los tiempos.

983. **Diego Rivera fue un pintor y muralista de fama internacional** que estuvo casado con Frida Kahlo.

984. **Dolores del Río fue una de las primeras actrices mexicanas** en alcanzar el reconocimiento internacional y el éxito en Hollywood.

985. **Mario Moreno «Cantinflas» fue un querido cómico** y actor conocido por su agudo ingenio y su humorística crítica social.

986. **Carlos Slim es una de las personas más ricas del mundo** y ha realizado importantes contribuciones filantrópicas en México. Es propietario de varias empresas, pero la mayor

parte de su dinero procede de las telecomunicaciones. Está trabajando para llevar los deportes mexicanos a más cadenas de televisión estadounidenses.

987. Chavela Vargas fue una influyente cantante de rancheras y un símbolo de la cultura LGBTQ+ mexicana. Nació en Costa Rica, pero vivió en México durante más de setenta años.

988. Emilio Azcárraga Jean es el consejero delegado del Grupo Televisa, una de las mayores empresas de medios de comunicación del mundo hispanohablante.

989. Salma Hayek es una estrella de cine internacional que se inició en las telenovelas mexicanas.

990. Julio Iglesias es un cantante y compositor de renombre y uno de los artistas latinos con más ventas de todos los tiempos.

991. Diego Boneta ganó fama internacional por su interpretación de Luis Miguel en la serie de televisión *Luis Miguel: La Serie.*

992. Belinda comenzó su carrera como actriz infantil y se convirtió en una cantante y actriz de éxito.

993. Paulina Rubio es un ícono del pop y ha vendido más de veinte millones de discos en todo el mundo. A menudo se le atribuye el mérito de haber devuelto el interés por la música latina en la década de 1990.

994. Benny Ibarra es un cantante, compositor y actor conocido por su carrera de solista y como miembro del grupo Timbiriche.

995. Lucero es una figura prominente del entretenimiento mexicano desde su infancia y es conocida por su exitosa carrera como cantante y actriz.

996. Kuno Becker es un actor y cantante que ganó popularidad por su papel de Santiago Muñez en la película *¡Gol!*

997. Kalimba es un cantante, compositor y actor conocido por su voz conmovedora y sus actuaciones carismáticas.

998. Natalia Lafourcade es una cantautora ganadora de un Grammy conocida por su fusión de folk latinoamericano y música pop.

999. Grupo Firme es un grupo musical mexicano conocido por sus enérgicas actuaciones y su mezcla única de estilos musicales regionales mexicanos. El grupo fue formado en 2013 por su vocalista y fundador, Eduin Caz, en Tijuana, Baja California, México.

1000. Guillermo del Toro ha ganado los premios de la Academia a mejor película, mejor director y mejor película animada. Trabajó en múltiples éxitos de taquilla, como *Hellboy* y *Pacific Rim*.

Mira otro libro de la serie

www.ingramcontent.com/pod-product-compliance
Lightning Source LLC
Chambersburg PA
CBHW082109120626
46553CB00011B/3612